VERSION ORIGINALE 2

Méthode de français | Cahier d'exercices

Laetitia Pancrazi

Sommaire

UNITÉ 1 — 5

🔊 1. **Six mois à Londres.** Comprendre et reconstituer chronologiquement un récit au passé.
🔊 2. **J'adore prendre la parole.** Comprendre une interaction – Décrire ses habitudes comme étudiant.
3. **Être ou avoir ?** L'usage des auxiliaires au passé composé.
4. **La visite au musée.** Comprendre et compléter un récit. Conjuguer des verbes au passé composé.
🔊 5. **Quelles langues parlent-elles ?** Comprendre une interaction et reconstituer un réseau de langues.
6. **Devinettes.** Identifier les valeurs des pronoms COI.
🔊 7. **Dix raisons pour apprendre le japonais.** Comprendre et exprimer des motivations.
🔊 8. **Très intéressant…** Identifier l'emploi de la liaison.
9. **C'est pour une enquête.** Comprendre et compléter un dialogue – Utiliser les pronoms COD-COI.
🔊 10. **La vie d'un chanteur.** Comprendre et compléter une biographie.
11. **Qu'en pensez-vous ?** Exprimer des émotions et des difficultés.
12. **J'adore le foot !** Exprimer une opinion.
13. **C'est génial !** Comprendre et utiliser des adjectifs pour donner son avis.
14. **La radio en V.O.** Écouter la radio – Faire des recherches biographiques et exprimer une opinion.

UNITÉ 2 — 13

1. **Le jeu des sept erreurs.** Situer des objets dans l'espace.
🔊 2. **Appartement à louer.** Situer dans l'espace – Comprendre la description d'un lieu.
3. **Alors, ton nouvel appart ?** Le lexique de l'habitat.
4. **Petites annonces.** Comprendre des petites annonces et les comparer – Exprimer la préférence.
5. **Ville ou campagne ?** Comprendre une opinion – Utiliser les structures de la comparaison.
🔊 6. **Jeu radiophonique.** Comprendre un jeu à la radio – Reconnaître un lieu.
7. **J'y range mes livres.** Identifier les valeurs du pronom *y*.
8. **On y va ?** La syntaxe des phrases avec le pronom *y*.
🔊 9. **Une table en quoi ?** Identifier les enchaînements.
10. **Le bon de commande.** Remplir un bon de commande.
11. **Mon réseau de mots.** Constituer un réseau du lexique de l'habitat.
12. **Et dans votre langue ?** Comprendre et traduire des phrases avec le pronom « y » et des structures comparatives.
13. **Nouvelle déco.** Décrire un lieu d'habitation – Demander et donner des conseils de décoration.

UNITÉ 3 — 21

1. **L'huile de lavande.** Comprendre et compléter une notice - Donner des instructions.
2. **J'ai un problème.** Donner des conseils.
🔊 3. **Radio Doc.** Comprendre et demander des conseils.
🔊 4. **Respirez profondément.** Comprendre des instructions.
5. **Pour se détendre.** Comprendre et donner des instructions.
🔊 6. **C'est incroyable !** Identifier les intonations de la question, de l'affirmation et de la surprise - Utiliser la ponctuation.
7. **Bien à vous.** Compléter un message avec des formules de début et de salutations.
🔊 8. **La boutique bio.** Comprendre et donner des conseils.
9. **Fais ci, fais ça !** Identifier et utiliser l'impératif.
10. **Les symptômes.** Le lexique des maladies et des symptômes.
11. **Le corps.** Le lexique du corps.
12. **Et dans votre langue ?** Comprendre et traduire des phrases pour décrire des douleurs et des symptômes.
13. **Un forum santé-beauté.** Échanger des conseils sur un forum.

UNITÉ 4 — 29

1. **C'était quand ?** Les dates : siècles, décennies.
2. **Quand j'étais enfant.** Situer dans le passé.
3. **L'invention du téléphone.** Utiliser les marqueurs temporels – Décrire une situation au passé.
4. **On arrive demain.** Comprendre les différentes valeurs de *on*.
5. **Passé, présent…** Compléter un tableau avec les formes verbales du présent et de l'imparfait.
6. **C'était bien.** Comprendre et compléter des phrases à l'imparfait.
7. **Les anachronismes.** Décrire une situation au passé.
🔊 8. **Quand j'étais étudiante.** Comprendre des témoignages et les situer dans le temps.
🔊 9. **Avant ou maintenant.** Identifier et discriminer les nasales [ɔ̃], [ɛ̃] et [ã].
🔊 10. **De mon temps…** Comprendre des récits au passé - Exprimer la continuité/discontinuité.
11. **Un sondage dans une école primaire.** Comprendre un sondage – Utiliser les indéfinis.
12. **Les gens.** Les valeurs de *on*.
13. **Souvenirs, souvenirs.** Comprendre et comparer les valeurs de l'imparfait en français et dans votre langue - Traduire des phrases à l'imparfait.
14. **Récit de voyage.** Raconter un voyage.

Sommaire

UNITÉ 5 — 37

1. **Devinettes.** Comprendre et rédiger une devinette. Utiliser les relatifs *qui, que, où*.
2. **Je chantais/J'ai chanté.** Identifier les verbes à l'imparfait et au passé composé.
3. **Ça, c'est Montmartre.** Comprendre une brochure touristique - Utiliser le passé composé et l'imparfait.
4. **Née quelque part.** Comprendre un récit autobiographique - Reconstituer une interview.
5. **Flash infos.** Comprendre et commenter une information à la radio.
6. **Otto et Sophie.** Utiliser les marqueurs temporels du passé - Comprendre une biographie.
7. **Art africain.** Compléter un texte avec *qui, que, où*.
8. **Les informations insolites.** Comprendre et rédiger une dépêche – L'alternance passé composé/imparfait.
9. **Le festival de Cannes.** Comprendre une interview - Rédiger un texte biographique.
10. **Les mots migrateurs.** Découvrir et réfléchir aux origines de mots en français et dans votre langue.
11. **Et dans votre langue ?** Comparer et traduire la structure *être en train de + infinitif*.
12. **Une personne unique.** Réaliser une interview en vidéo.

UNITÉ 6 — 45

1. **Horoscope.** Comprendre et faire des prévisions - Utiliser les verbes au futur.
2. **Quand je serai grand…** Parler de l'avenir.
3. **J'ai chaud !** Discriminer et orthographier les sons [ʃ] et [ʒ].
4. **La météo.** Comprendre un bulletin météo.
5. **Un bilan décevant.** La place des adjectifs.
6. **C'est de saison.** Discriminer et orthographier les sons [s] et [z].
7. **Préservez la nature en faisant des économies !** Comprendre des annonces.
8. **Quelques idées pour la planète.** Exprimer la condition et la conséquence.
9. **C'est probable.** Exprimer différents degrés de certitude.
10. **La convention sur les changements climatiques.** Remplir une fiche et rédiger une dépêche à partir d'un document audio.
11. **Les phrases à rallonge.** Utiliser les adjectifs qualificatifs.
12. **Les proverbes.** Découvrir des proverbes francophones et les comparer avec ceux de votre pays.
13. **La pluie et le beau temps.** Les valeurs et traductions du verbe *faire* pour parler du temps.
14. ***Home.*** Comprendre et réagir à un film sur l'environnement.

UNITÉ 7 — 53

1. **La bonne formule.** Utiliser des formules d'acceptation et de refus.
2. **Et si je conjuguais …** Compléter un tableau de formes verbales (imparfait, futur, conditionnel).
3. **Ça te dit ?** Comprendre et formuler des demandes.
4. **Les scènes du Languedoc.** Comprendre et rédiger des courriers électroniques – Utiliser des verbes au conditionnel.
5. **S'il vous plaît.** Reformuler des demandes de façon courtoise.
6. **Pas de problème !** Discriminer les intonations de l'acceptation et du refus.
7. **J'aimerais beaucoup.** Formuler des demandes.
8. **Tu pourras ou tu pourrais ?** Discriminer l'imparfait, le futur et le conditionnel.
9. **La bonne formule.** Utiliser des formules pour demander, accepter et refuser.
10. **Une soirée d'anniversaire.** Comprendre une interaction – Rédiger un courriel pour demander une autorisation.
11. **Les formules de politesse.** Identifier et utiliser des formules de politesse.
12. **Et dans votre langue ?** Comparer les valeurs du conditionnel en français et dans votre langue.
13. **Les mots du théâtre.** Le lexique du théâtre.
14. **Le festival d'Avignon.** S'informer sur un festival – Établir un programme personnel.

UNITÉ 8 — 61

1. **Où est-ce ?** Comprendre et rédiger des définitions – Situer des villes françaises.
2. **Jeu de verbes.** Compléter un tableau de conjugaisons (temps de l'indicatif).
3. **Vivre en province.** Poser des questions.
4. **Avez-vous une question ?** Utiliser les mots interrogatifs.
5. **Les langues dans le monde.** Utiliser les prépositions de localisation – Exprimer différents degrés de certitude.
6. **Un père de la francophonie.** Compléter un texte avec des verbes à l'indicatif – Établir un questionnaire.
7. **Y a-t-il un « t »** L'interrogation avec inversion du pronom sujet – Le rejet du hiatus.
8. **Où habitent-ils ?** Situer des personnes dans des villes et des pays.
9. **Savez-vous poser des questions ?** Poser des questions selon la situation de communication.
10. **Quel avenir pour la francophonie ?** Comprendre un exposé – Situer dans le temps.
11. **Les genres de pays.** Comparer les genres des pays en français et dans votre langue.
12. **Est-ce que tu parles français ?** Traduire des questions avec *est-ce que*.
13. **La Semaine de la langue française.** Découvrir la Semaine de la langue française – S'informer sur des manifestations culturelles.

ANNEXES — 69

Culture
Transcriptions des enregistrements

J'adore le français ! | 1

1. SIX MOIS À LONDRES

A. Une radio consacre une émission aux Français à l'étranger. Écoutez le témoignage d'Élodie et remettez dans l'ordre les différentes étapes de son récit.

- ☐ Écouter la radio et voir les films en V.O.
- ☐ Commencer à être à l'aise avec la langue
- ☐ S'installer à Londres
- ☐ S'inscrire à un cours intensif
- ☐ Avoir un excellent souvenir de cette expérience
- ☐ Être découragée

B. Racontez à votre tour l'histoire d'Élodie à un camarade.

L'année dernière, Élodie ....

....

....

2. J'ADORE PRENDRE LA PAROLE

A. Écoutez la conversation entre Victor et Garance et cochez les activités faites par les deux étudiants pendant leur cours de portugais.

	Victor		Garance	
	Oui	Non	Oui	Non
Prendre la parole en classe				
Faire des exercices de grammaire				
Travailler en petits groupes				
Faire un exercice de phonétique				
Répéter des dialogues				
Aller au tableau				
Chercher des informations sur Internet				
Rester après la classe pour poser des questions au professeur				

B. Et vous, à qui ressemblez-vous le plus ? Êtes-vous plutôt un étudiant comme Victor ou comme Garance ? Que faites-vous généralement en classe ?

....

....

....

1 | Activités

3. ÊTRE OU AVOIR ?

Reconstituez des phrases cohérentes à partir des deux colonnes.
Attention au choix des auxiliaires.

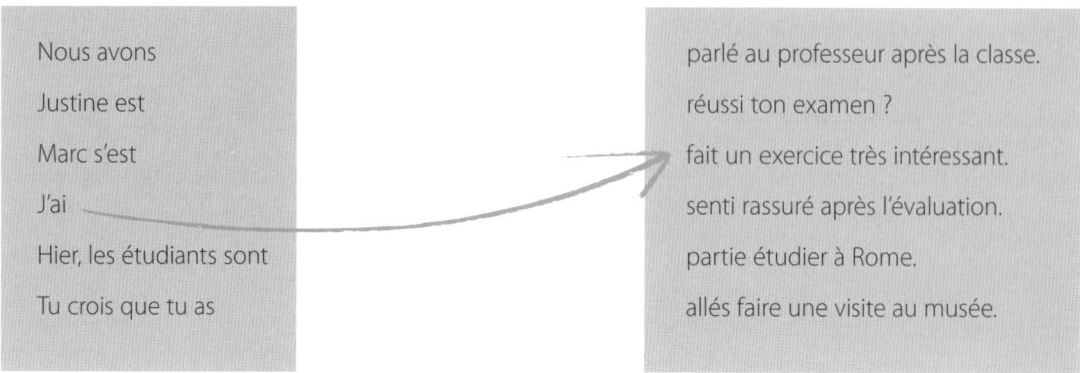

Nous avons
Justine est
Marc s'est
J'ai
Hier, les étudiants sont
Tu crois que tu as

parlé au professeur après la classe.
réussi ton examen ?
fait un exercice très intéressant.
senti rassuré après l'évaluation.
partie étudier à Rome.
allés faire une visite au musée.

4. LA VISITE AU MUSÉE

Complétez le texte avec les verbes suivants conjugués au passé composé.

accompagner, aller, discuter, apprendre, dire, penser, retourner, voir, se charger, trouver, préférer

Hier, avec le groupe de français, nous .... en excursion au musée. Le

professeur nous .... puis c'est un guide qui .... de faire la visite. J'

.... très intéressant tout ce que nous .... et ....

Après la visite, nous .... en classe et nous .... des différentes

œuvres et chacun .... ce qu'il .... des œuvres exposées. Moi, je

.... les sculptures de la salle 1.

Activités | 1

5. QUELLES LANGUES PARLENT-ELLES ?

Barbara et Gema vivent en France et parlent français, mais leur environnement est composé de plusieurs autres langues. Écoutez le dialogue et relevez les différentes langues utilisées par chacune afin de compléter leur réseau de langues.

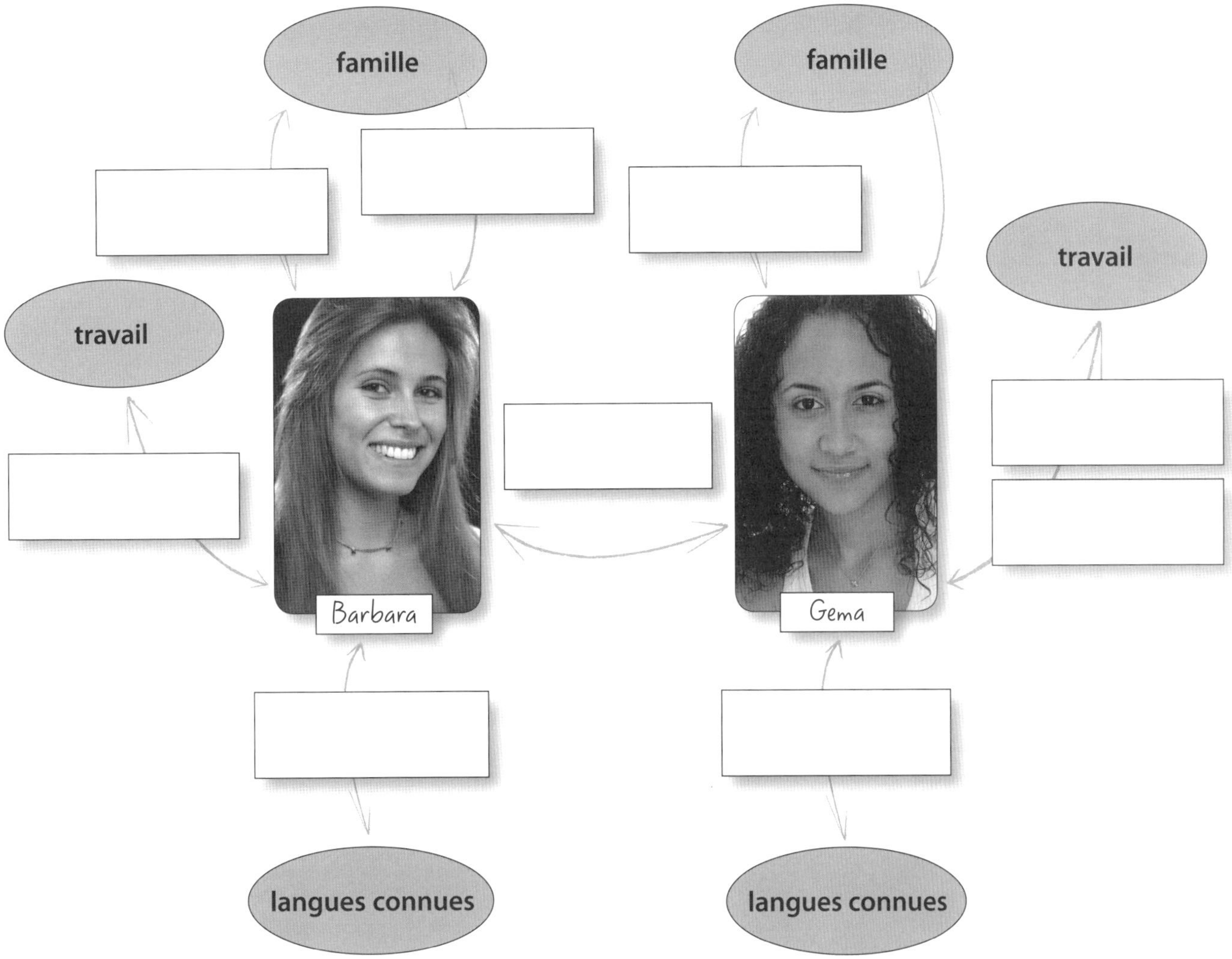

6. DEVINETTES
Imaginez de qui l'on parle dans les phrases suivantes.

1. Je **lui** raconte ma journée le soir au téléphone : ma meilleure amie

2. On **leur** apprend à nager vers 6 ans : ....

3. Nous **lui** parlons presque toujours en français : ....

4. On **leur** réserve des places dans le métro : ....

5. Vous **lui** demandez des conseils : ....

6. On peut **leur** donner beaucoup de devoirs : ....

1 | Activités

7. DIX RAISONS POUR APPRENDRE LE JAPONAIS

A. Imaginez pourquoi Paul apprend le japonais en vous aidant des propositions suivantes :

Paul apprend le japonais **pour** / **parce que**

- sa petite amie est japonaise.
- lire des mangas.
- voyager au Japon.
- la culture japonaise.
- il pense que c'est important de connaître des langues différentes.
- il a beaucoup de temps libre.
- le cours de hongrois était complet.
- trouver du travail.
- ses parents l'ont obligé.
- lire la carte en japonais au restaurant.

 Piste 04

B. Parmi ces motivations, quelles sont réellement celles de Paul pour apprendre le japonais ? Écoutez son témoignage et cochez les réponses correctes.

- ☐ sa petite amie est japonaise
- ☐ lire des mangas
- ☐ voyager au Japon
- ☐ la culture japonaise
- ☐ le cours de hongrois était complet
- ☐ il pense que c'est important de connaître des langues différentes
- ☐ trouver du travail
- ☐ il a beaucoup de temps libre
- ☐ ses parents l'ont obligé

C. Imaginez trois raisons pour lesquelles un étudiant étranger voudrait apprendre votre langue.

8. TRÈS INTÉRESSANT...

A. Lisez ces phrases et signalez où vous faites la liaison avec le *s* final.

C'est trè**s** intéressant	Faire des exercices
Lire des textes	Pour mes études
C'est très amusant	Il nous a expliqué
Les élèves d'anglais	Chercher des documents
Les professeurs de français	

 Piste 05

B. Écoutez le document audio et vérifiez vos réponses.

C. ENREGISTREZ-VOUS ! Lisez à nouveau ces expressions à voix haute. Enregistrez-vous et comparez le résultat avec le document audio.

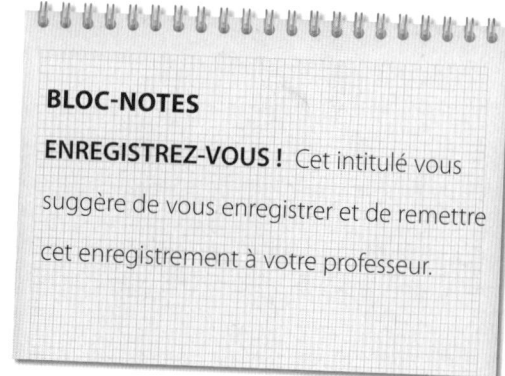

BLOC-NOTES

ENREGISTREZ-VOUS ! Cet intitulé vous suggère de vous enregistrer et de remettre cet enregistrement à votre professeur.

9. C'EST POUR UNE ENQUÊTE

Complétez le dialogue suivant en utilisant les pronoms COD et COI.

- Bonjour, c'est pour une enquête sur les habitudes linguistiques des Français. Je peux .... poser quelques questions ?
- Oui, bien sûr.
- Alors, je voudrais savoir si vous parlez une seule ou plusieurs langues chez vous.
- C'est une bonne question : ma femme est colombienne, donc nous parlons deux langues à la maison. Le plus souvent, je .... parle en français et elle .... répond en espagnol.
- Et avec vos enfants ?
- Nous .... parlons plutôt en français. Parfois, ma femme .... parle en espagnol, eux .... répondent presque toujours en français.
- Ils ne parlent pas espagnol ?
- Pas beaucoup, mais ils .... comprennent. Et puis ils .... étudient à l'école.

BLOC-NOTES

Rappel : le pronom COD : me (m')
te (t')
le / la (l')
nous
vous
les

10. LA VIE D'UN CHANTEUR

Écoutez cet extrait d'une émission de radio et complétez la biographie du chanteur Corneille.

1977	naissance en Allemagne
......	installation à Kigali
1994	retour en .... pour fuir le génocide rwandais
1997	départ d'Allemagne, installation à ....
......	sortie en France de son premier album *Parce qu'on vient de loin*
2005	sortie de son .... album *Les marchands de rêve*
......	sortie de l'album en anglais *The birth of Cornelius* et du disque en français *Sans titre*

1 | Activités

11. QU'EN PENSEZ-VOUS ?

Comment vous sentez-vous dans votre apprentissage du français ? Répondez en élaborant des phrases à partir des éléments proposés dans les deux colonnes.

Ne pas avoir peur de
Avoir du mal à
Ne pas oser
Trouver + adjectif
Trouver que
Avoir peur de
Se sentir
C'est difficile de
C'est génial de

… comprendre les films en version originale.
… prendre la parole devant tout le monde.
… les activités en groupe (amusantes).
… découragé quand je n'arrive pas à prononcer un mot.
… pouvoir connaître une nouvelle langue.

1. Je n'ai pas peur de prendre la parole devant tout le monde.

2. ....

3. ....

4. ....

5. ....

6. ....

12. J'ADORE LE FOOT !

Trouvez une activité correspondant à chaque opinion (le football, la cuisine, faire de la randonnée, les mathématiques…)
Rédigez ensuite une phrase pour justifier cette opinion.

J'adore   J'aime   Je déteste   Je n'aime pas   Je n'aime pas du tout   J'aime beaucoup

1. Je déteste le football parce que je trouve ridicule de courir après un ballon pendant deux heures !

2. ....

3. ....

4. ....

5. ....

6. ....

7. ....

Lexique et médiation | 1

13. C'EST GÉNIAL !

A. Classez les adjectifs suivants du plus positif au plus négatif selon vous.

facile
amusant
stupide
décourageant
génial
important
ennuyeux
intéressant
difficile
utile

☺ + ...
....
....
....
....
....
....
....
☹ − ....

B. Ces adjectifs ont-ils des équivalents dans votre langue ?

Facile : ....
Amusant : ....
Stupide : ....
Génial : ....
Décourageant : ....

Important : ....
Intéressant : ....
Ennuyeux : ....
Utile : ....
Difficile : ....

C. Dans quelle(s) situation(s) utiliseriez-vous les expressions suivantes ?

1. **C'est intéressant :** un reportage sur la vie d'un écrivain
2. **C'est ennuyeux :** faire des dictées
3. **C'est génial :** ....
4. **C'est important :** ....
5. **C'est stupide :** ....

1 | Connectez-vous !

14. LA RADIO EN V.O.

A. Allez sur le site de la radio *France Inter* et entrez dans la rubrique « sélection musicale ». Choisissez une chanson en français parmi la sélection proposée. Trouvez les références de cette chanson et cherchez les paroles sur un site spécialisé pour pouvoir écouter la chanson en lisant le texte.

B. Cherchez des informations sur l'artiste et présentez-le en quelques lignes.

C. Préparez une fiche de présentation de la chanson et précisez si vous l'avez aimée ou pas et pourquoi.

Titre : ....
Album : ....
Compositeur : ....
Interprète : ....
Opinion : ....

Activités complémentaires en ligne sur versionoriginale.difusion.com

Faites comme chez vous ! | 2

1. LE JEU DES SEPT ERREURS
Regardez attentivement les deux dessins et relevez les sept différences que comporte le dessin n° 2 par rapport au dessin n° 1. Notez ci-dessous vos réponses sous forme de phrases complètes.

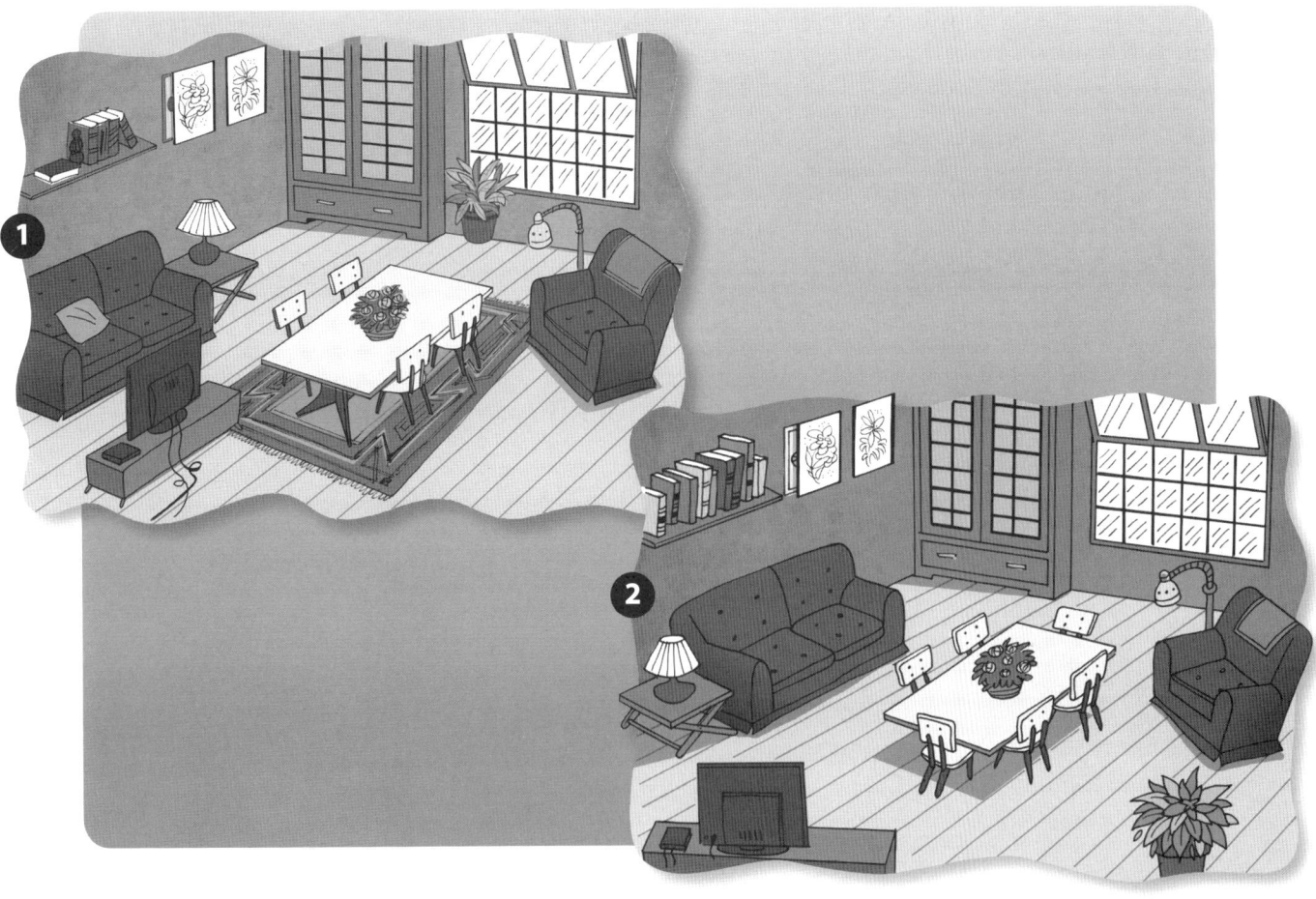

Sur le dessin n° 2, il y a 6 chaises autour de la table.

2 | Activités

2. APPARTEMENT À LOUER

A. Observez le plan de l'appartement et complétez le descriptif de l'agence immobilière avec les prépositions de lieu correctes.

On trouve la salle de bain et les wc .... la porte d'entrée. La chambre est .... la salle de bain. Dans la chambre, il y a un lit double et deux placards .... lit. .... séjour, il y a une table et ensuite un canapé .... la fenêtre. .... séjour, il y a une véranda.

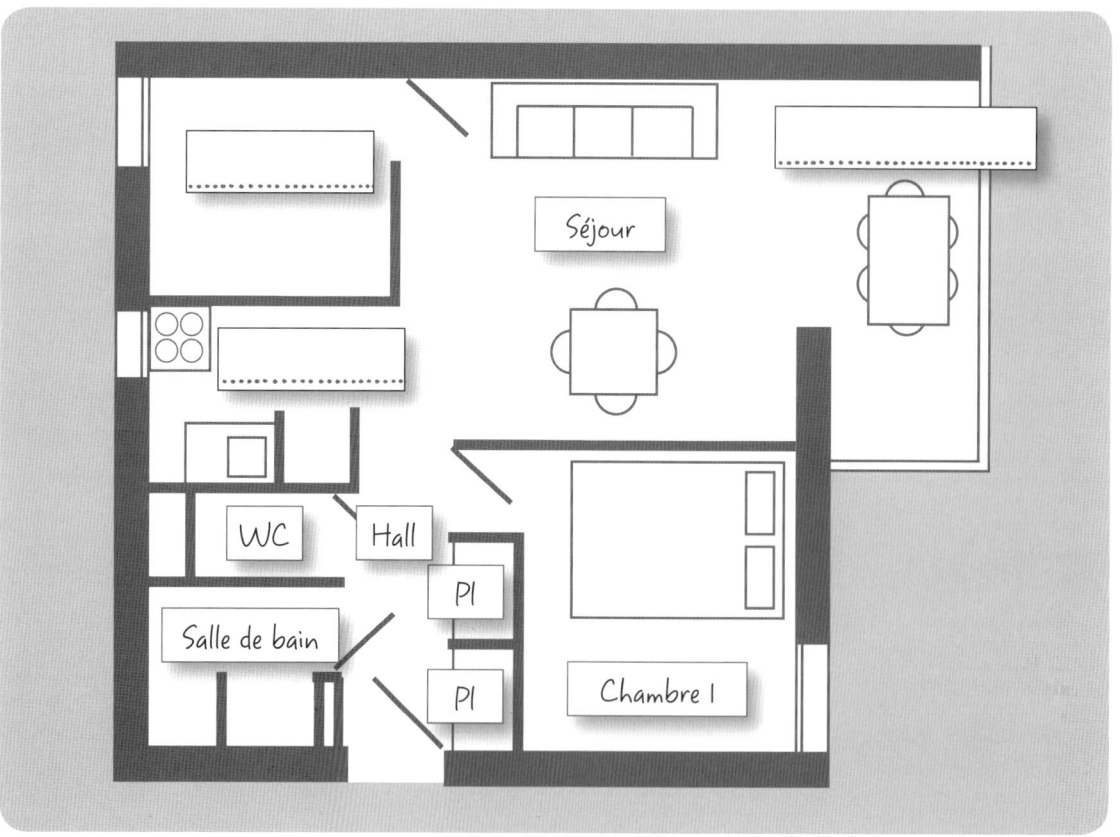

B. L'agence fait visiter l'appartement. Écoutez la visite et complétez le plan de l'appartement avec les pièces manquantes.

Activités | 2

3. ALORS, TON NOUVEL APPART ?
Complétez la grille avec les mots correspondants aux définitions suivantes.

1. Pièce de la maison, on y dort.
2. Espace extérieur, on y cultive des plantes.
3. Pièce de la maison, on s'y lave.
4. Pièce de la maison, on y prépare à manger.
5. Cœur de l'espace urbain.
6. Pièce de la maison, on y travaille, on y range des documents.
7. Ouverture faite dans un mur pour laisser rentrer la lumière.
8. Espace extérieur ouvert dans un immeuble.
9. Logement d'une ou plusieurs pièces dans une construction collective.

4. PETITES ANNONCES
A. Observez ces petites annonces et comparez les appartements entre eux (prix, taille, commodités etc…).

L'appartement n° 1 est moins cher que l'appartement n° 4.

1. F2, type loft, 1 ch., 60 m², loyer 550 € + 50 € charges Tél. 05.57.93.99.01 (après 18 h)

2. F3, 2 ch., 45 m², plein centre-ville, cuis.meublée, 650 € + 25 € charges Tél. 05.56.83.66.18

3. F3, 2 ch. 5ᵉ étage sans asc., 72 m² + terrasse 15 m², loyer 625 € CC Tél. 05.56.04.02.88

4. F3, meublé, rdc, rés. très calme, 68 m², loy. 600 € + 35 € charges Tél. 05.56.44.02.12

B. Quel appartement préférez-vous ? Pourquoi ?

Je préfère l'appartement n° ....

quinze | 15

2 | Activités

5. VILLE OU CAMPAGNE ?

A. Un magazine a réalisé une enquête sur la vie en ville ou à la campagne.
Voici différents témoignages laissés sur le forum de discussion de la revue en ligne.
Complétez-les avec des comparatifs.

accueil | à propos | publicité | aide | contactez-nous !

PAUL : Je préfère largement vivre à la campagne, il y a .... espace .... en ville, et les loyers sont bien .... élevés.

MYRIAM : Moi, j'aime .... la ville .... la campagne. Je pense que tout dépend de ta situation et des moments de la vie. Mais, quand on est jeune, c'est sûr qu'on préfère être en plein centre-ville, c'est .... sympa .... de vivre dans un village !

SAMIA : J'ai quitté Paris depuis deux ans et je vis beaucoup .... avant. Mon loyer est .... cher .... celui de mon ancien appartement, mais j'ai trois chambres et un jardin !

FRANÇOIS : Moi, je pense qu'il y a .... avantages .... inconvénients à la campagne. Tu paies ton loyer .... cher .... en ville, mais tu dépenses beaucoup .... essence .... si tu vis en ville.

B. Selon vous, quelle est la meilleure option : vivre en ville ou à la campagne ?
Laissez à votre tour un message sur le forum.

6. JEU RADIOPHONIQUE

A. Écoutez l'énigme de l'animateur et dites si les affirmations suivantes sont vraies ou fausses.

On y va toujours seul.	vrai - faux	On y dort.	vrai - faux
Il y a beaucoup de bruit.	vrai - faux	On y reste généralement deux heures.	vrai - faux
Les gens y parlent beaucoup.	vrai - faux	On peut y faire du sport.	vrai – faux

B. De quel lieu parle-t-il ?
....

Activités | 2

7. J'Y RANGE MES LIVRES...

De quoi parle-t-on ? Indiquez ce que remplace le pronom « y » et proposez une phrase pour décrire le mot restant.

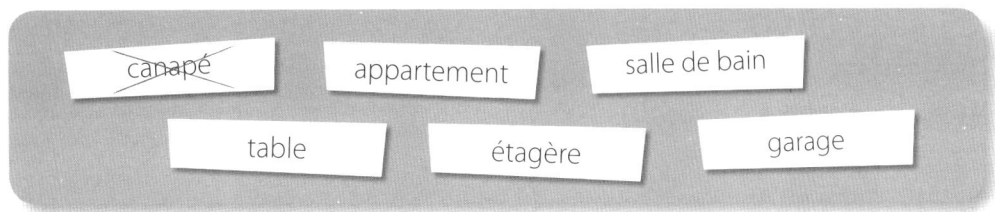

1. On s'y assoit dans le salon : *sur le canapé.*
2. Elle y habite depuis un an : ....
3. J'y pose mon sac et mes clés quand je rentre : ....
4. Ma sœur y passe beaucoup de temps le matin : ....
5. J'y range mes livres : ....
6. : ....

8. ON Y VA ?

Remettez les mots dans l'ordre afin de relier les réponses aux questions.

1. Tu vas souvent au café ? •	• y-quelque-manger-Pour-chose-à-chercher
2. Vous êtes allés au cinéma hier soir ? •	• j'-tous-vais-Oui-jours-y-les-presque
3. Pourquoi est-ce qu'il va à la cuisine ? •	• le-y-mois-elle-travail-Oui-trois-part-pour-
4. Ils sont allés chez Karen hier ? •	• ils-aller-pu-Non-n'-y-ont-pas
5. Laura va s'installer au Japon ? •	• Non-nous-y-n'-allés-pas-sommes

dix-sept | 17

2 | Activités

9. UNE TABLE EN QUOI ?

A. Comment prononcez-vous les expressions suivantes ? Séparez ou liez les syllabes.

> Une table en verre
> Une chaise en plastique rouge
> Une lampe en céramique
> Une commode à deux tiroirs
> Une armoire en bois
> Une chaise à roulettes

B. Écoutez l'enregistrement et vérifiez. Soulignez les syllabes qui sont enchaînées.

C. ENREGISTREZ-VOUS ! Lisez à nouveau ces expressions à haute voix et enregistrez-vous.

10. LE BON DE COMMANDE

À votre tour de meubler votre appartement et de commander des meubles.
Vous avez un budget de 800 euros. À partir de l'extrait du catalogue
du livre de l'élève, p. 27, remplissez le bon de commande suivant.
Vous trouverez ci-dessous les références pour chaque meuble.

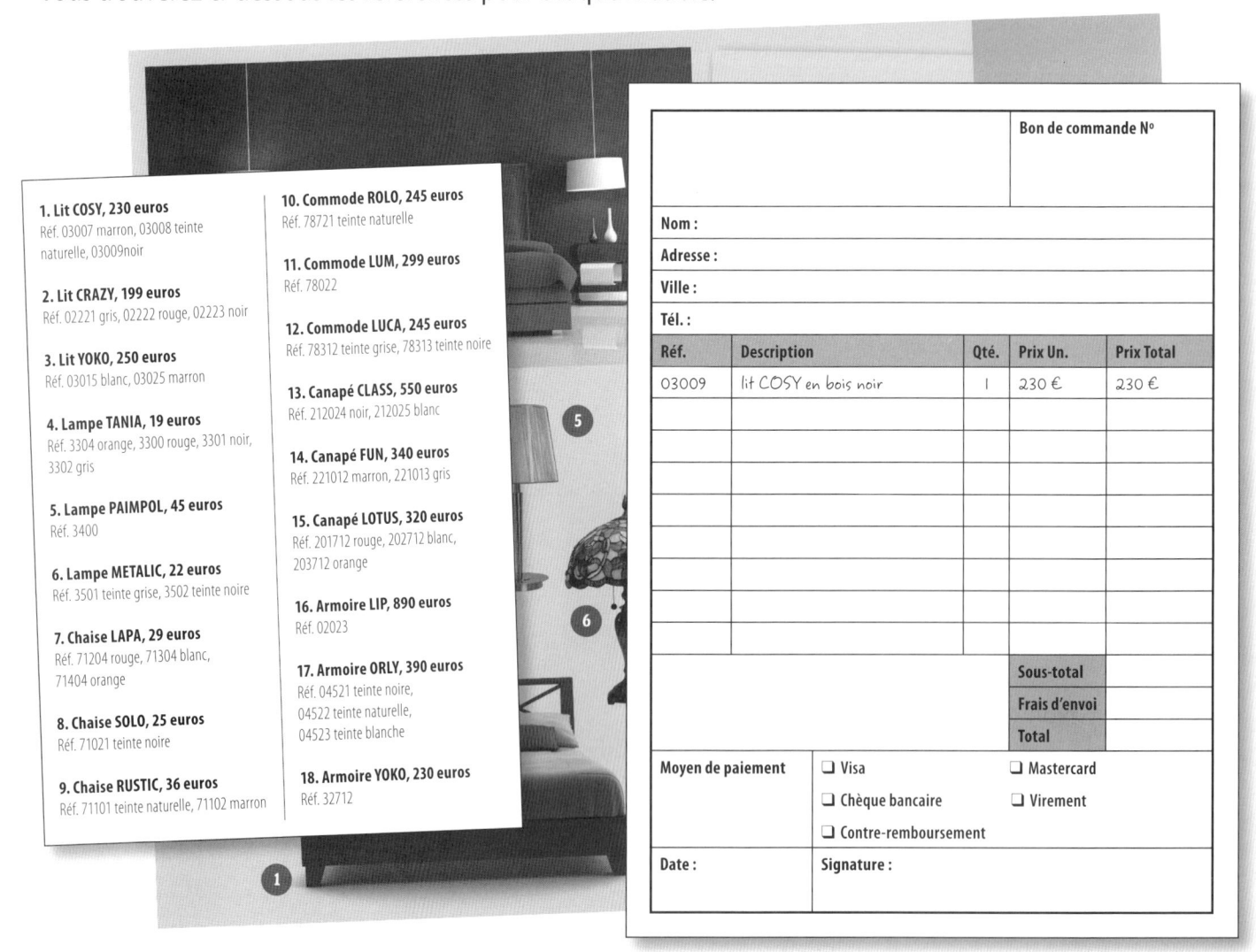

1. Lit COSY, 230 euros
Réf. 03007 marron, 03008 teinte naturelle, 03009 noir

2. Lit CRAZY, 199 euros
Réf. 02221 gris, 02222 rouge, 02223 noir

3. Lit YOKO, 250 euros
Réf. 03015 blanc, 03025 marron

4. Lampe TANIA, 19 euros
Réf. 3304 orange, 3300 rouge, 3301 noir, 3302 gris

5. Lampe PAIMPOL, 45 euros
Réf. 3400

6. Lampe METALIC, 22 euros
Réf. 3501 teinte grise, 3502 teinte noire

7. Chaise LAPA, 29 euros
Réf. 71204 rouge, 71304 blanc, 71404 orange

8. Chaise SOLO, 25 euros
Réf. 71021 teinte noire

9. Chaise RUSTIC, 36 euros
Réf. 71101 teinte naturelle, 71102 marron

10. Commode ROLO, 245 euros
Réf. 78721 teinte naturelle

11. Commode LUM, 299 euros
Réf. 78022

12. Commode LUCA, 245 euros
Réf. 78312 teinte grise, 78313 teinte noire

13. Canapé CLASS, 550 euros
Réf. 212024 noir, 212025 blanc

14. Canapé FUN, 340 euros
Réf. 221012 marron, 221013 gris

15. Canapé LOTUS, 320 euros
Réf. 201712 rouge, 202712 blanc, 203712 orange

16. Armoire LIP, 890 euros
Réf. 02023

17. Armoire ORLY, 390 euros
Réf. 04521 teinte noire, 04522 teinte naturelle, 04523 teinte blanche

18. Armoire YOKO, 230 euros
Réf. 32712

	Bon de commande Nº
Nom :	
Adresse :	
Ville :	
Tél. :	

Réf.	Description	Qté.	Prix Un.	Prix Total
03009	lit COSY en bois noir	1	230 €	230 €
			Sous-total	
			Frais d'envoi	
			Total	

Moyen de paiement	❏ Visa	❏ Mastercard
	❏ Chèque bancaire	❏ Virement
	❏ Contre-remboursement	
Date :	Signature :	

Lexique et médiation | 2

11. MON RÉSEAU DE MOTS
Complétez le réseau de mots de l'habitat.

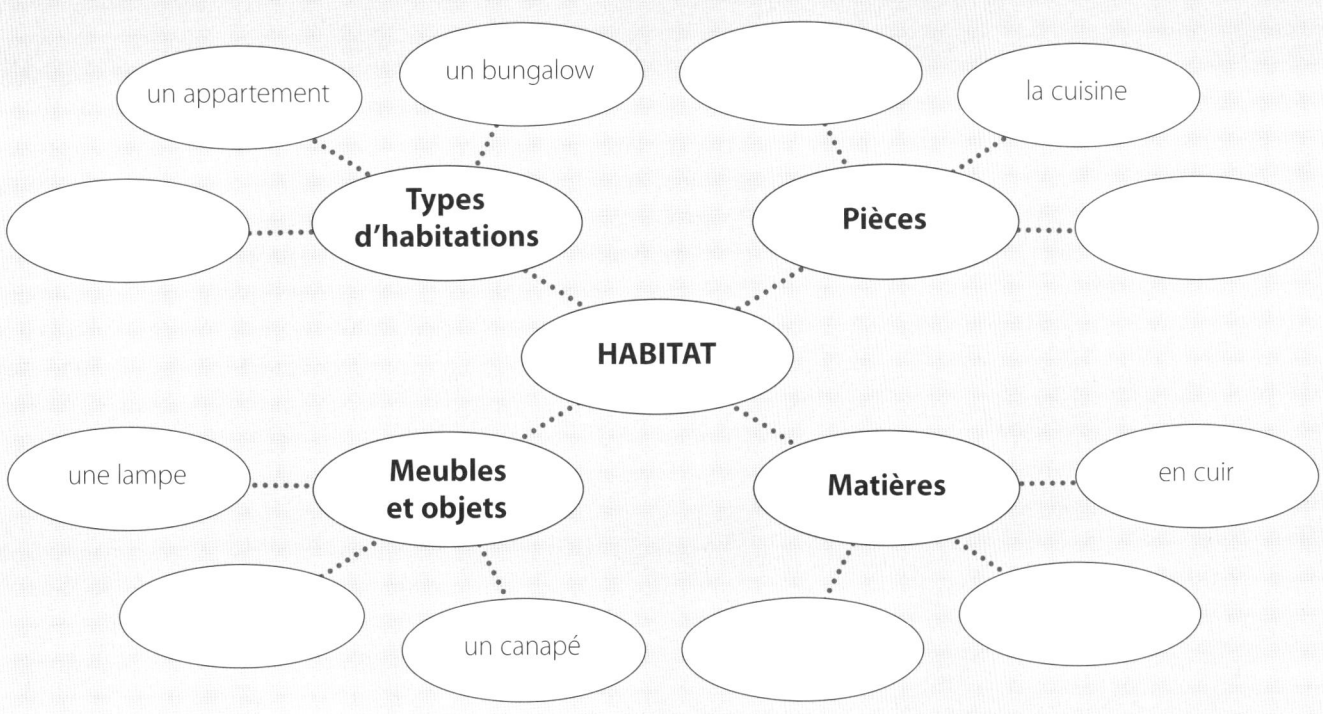

12. ET DANS VOTRE LANGUE ?

A. Comment diriez-vous les expressions suivantes dans votre langue ?

1. J'y vais : ....
2. Il y a : ....
3. J'y suis allé hier : ....

B. Utilisez-vous aussi un pronom comme le « y » français pour remplacer un lieu ?

C. Comment exprimez-vous la comparaison dans votre langue ? Traduisez les phrases suivantes.

1. Mon nouvel appartement est moins grand que l'ancien. ....
2. Je trouve que le camping est plus convivial que l'hôtel. ....
3. J'aime les vacances à la mer autant que les vacances à la montagne. ....
4. On vit mieux en ville qu'à la campagne. ....

dix-neuf | 19

2 | Connectez-vous !

13. NOUVELLE DÉCO

A. Vous voulez améliorer l'ameublement et la décoration du lieu où vous habitez (votre chambre, votre appartement, votre maison…), pour cela, vous allez demander des conseils.

Tout d'abord, décrivez votre appartement :
- le nombre de pièces et leur aménagement,
- à quoi ressemblent vos meubles,
- ce qu'il y a aux murs (tableaux, posters…),
- ce qu'il y a par terre (tapis, moquette…),
- ce qu'il y a sur les meubles (bibelots, souvenirs…).

B. Publiez votre description sur Babelweb. Vous pouvez aussi ajouter une photo ; les internautes pourront se faire une idée plus précise. Demandez des conseils en fonction de ce que vous aimeriez changer. Que mettre au mur ? En quelle couleur repeindre la pièce / des meubles… ?

C. Vous voulez donner des conseils à des internautes qui veulent changer leur décoration ? Lisez les demandes de conseils des internautes et répondez à une demande si vous avez des idées.

Pour donner des conseils, pas besoin d'inscription, il suffit :
- d'aller en bas de la page de demande de conseil,
- de donner un nom et une adresse électronique,
- d'écrire votre réponse dans le champ « commentaire ».

D. Pour publier votre nouvelle déco sur Babelweb, allez sur le site :

http://m10.babel-web.eu

Activités complémentaires en ligne sur versionoriginale.difusion.com

Bien dans sa peau | 3

1. L'HUILE DE LAVANDE

A. Complétez la notice avec les verbes suivants.

ne pas administrer   verser   appliquer   conserver   éviter

HUILE DE LAVANDE - 100 % PURE ET NATURELLE

Cette huile permet de lutter contre l'anxiété, l'agitation et les maux de tête mais aussi de redonner du tonus aux personnes fatiguées ou courbaturées.

Utilisation :
.... sur les tempes en léger massage en cas de maux de tête.
.... quelques gouttes dans l'eau du bain pour soulager les douleurs musculaires.

Précautions d'emploi :
.... de l'utiliser pendant la grossesse .... aux enfants de moins de 3 ans.
.... dans un endroit frais et sec.

B. Vous avez lu la notice de l'huile essentielle de lavande et vous expliquez à un ami comment l'utiliser. Employez l'impératif.

3 | Activités

2. J'AI UN PROBLÈME

Vous êtes rédacteur de la rubrique « conseils » d'un site de santé-beauté. Donnez un conseil pour chacun des messages suivants.

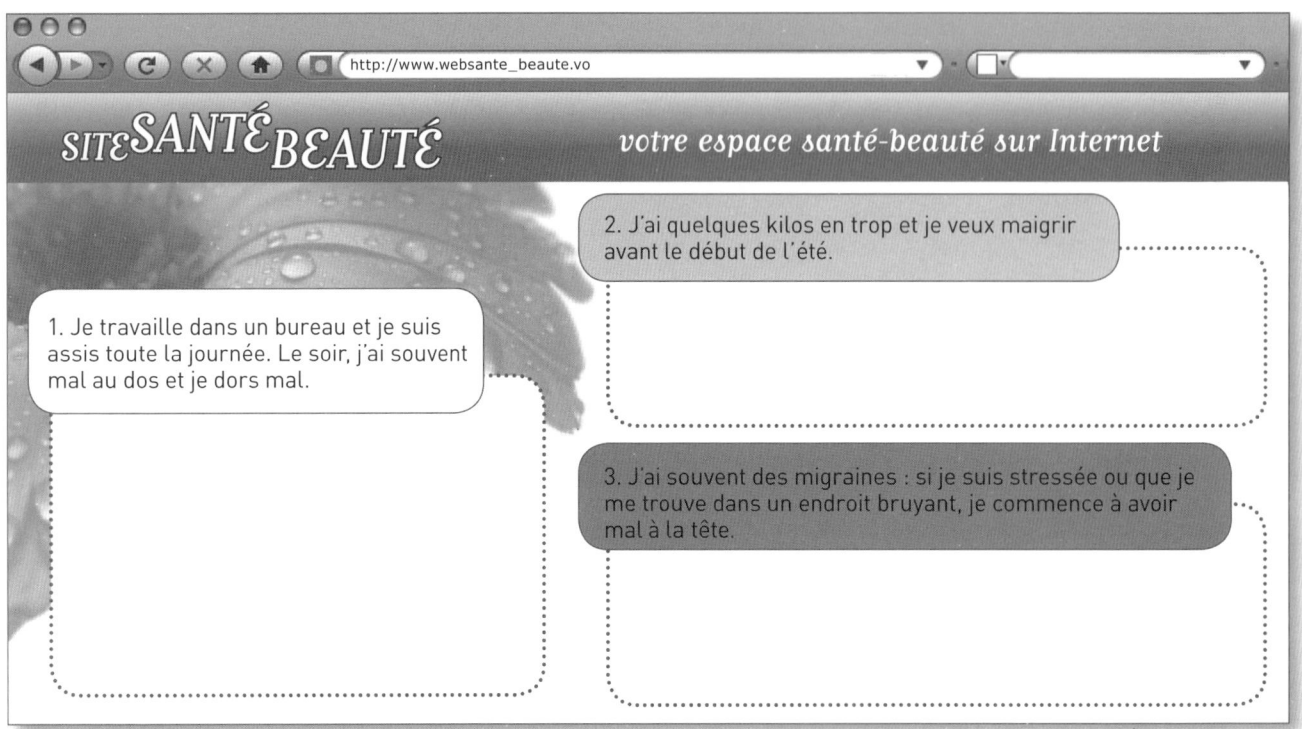

3. RADIO DOC

A. Écoutez ces extraits de l'émission Radio doc et complétez le tableau.

	Problème(s) de l'auditeur	Conseil(s) du médecin
1er appel		
2e appel		
3e appel		

B. Vous avez un problème et vous pensez faire appel aux conseils de Radio doc. Vous envoyez un courriel à l'émission pour décrire votre problème et demander conseil.

....

....

....

Activités | 3

4. RESPIREZ PROFONDÉMENT

Écoutez les enregistrements et associez les instructions à la personne qui les donne.

5. POUR SE DÉTENDRE

Observez ces illustrations et associez chacune d'elles au texte qui convient, puis rédigez le texte qui correspond à la dernière image.

1. Pliez les jambes, arrondissez le dos et tendez les bras.
2. Redescendez très doucement pour revenir à la position initiale. Maintenez le dos rond et la tête vers la poitrine. Posez les vertèbres une à une et la tête en dernier.
3. Allongez-vous par terre, étendez les jambes et étirez les bras. Fermez les yeux et respirez profondément.
4. Relâchez les muscles et laissez-vous tomber en avant, la tête sur les genoux.
5. Maintenez le dos droit et redressez-vous jusqu'à être en position assise.
6. ....

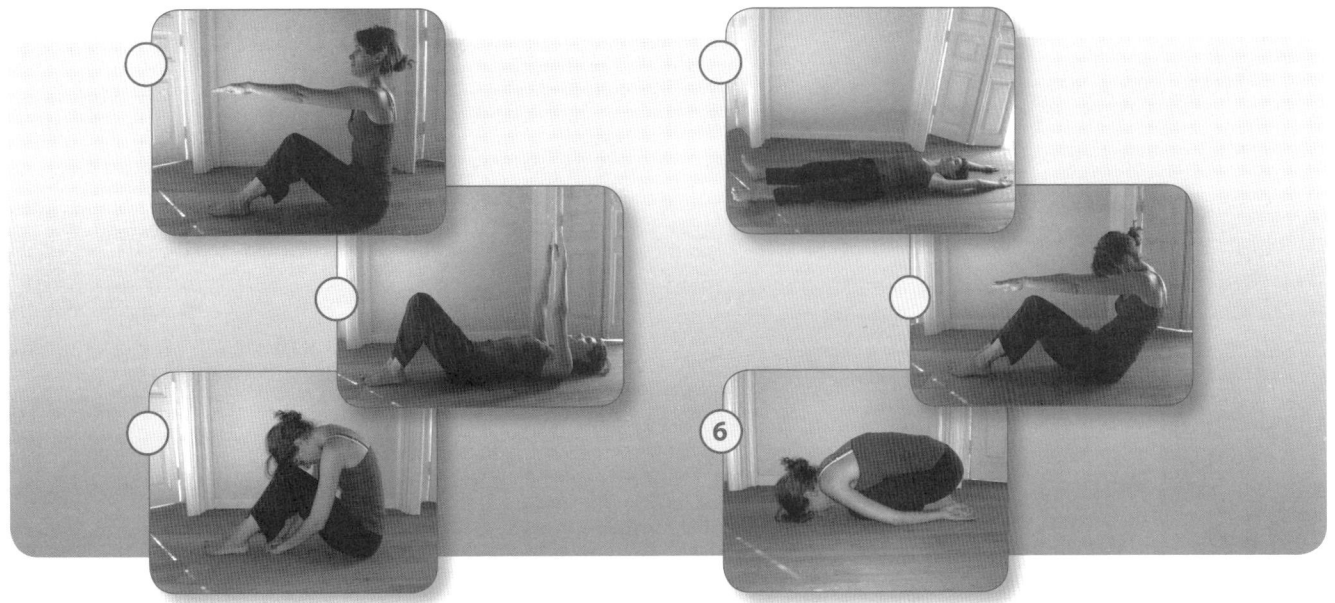

vingt-trois | 23

3 | Activités

6. C'EST INCROYABLE !

A. Écoutez les phrases suivantes et indiquez, selon leur intonation, s'il s'agit d'une question, d'une affirmation ou d'une surprise.

	Question	Affirmation	Surprise
1			
2			
3			
4			
5			
6			

B. Complétez les phrases avec la ponctuation qui convient : question (?), affirmation (.) ou surprise (!).

1. J'ai mal au dos
2. Ça marche vraiment
3. C'est une recette miracle
4. Tu as essayé l'huile de lavande
5. Il a attrapé une otite
6. Tu connais les fleurs de Bach

7. BIEN À VOUS

Complétez les messages suivants avec une formule de début et / ou de salutation appropriée.

De :
À :
Objet :

………………………,

Je suis nouvelle sur le forum. Je vous écris pour vous demander si vous connaissez une boutique de produits naturels dans le quartier de Saint-Michel.
Merci d'avance pour vos réponses.
Mme Legrand

De :
À :
Objet :

………………………,

Je n'ai pas eu le temps de répondre à ton message. Soigne bien ton rhume et surtout repose-toi. Je t'appelle ce soir.
Bises.

Maman

De :
À :
Objet :

Cher Monsieur,

Je vous remercie pour votre réponse. Je vais suivre votre conseil et essayer les Fleurs de Bach.

………………………,

Lucie Lacaze

De :
À :
Objet :

………………………,

Tu as toujours cette tisane de ta grand-mère contre le rhume ? Je crois que je suis en train de tomber malade et je ne veux pas prendre de médicaments. Je passe chez toi après le travail, d'accord ?

………………………
Olivier

Activités | 3

8. LA BOUTIQUE BIO

A. Vous êtes dans une boutique de produits naturels. Trois personnes entrent pour demander des conseils. Écoutez ces trois conversations et notez le conseil que donne la vendeuse et la / les expressions qu'elle utilise pour formuler ses conseils.

	Conseil(s)	Formule(s)
Dialogue 1		
Dialogue 2		
Dialogue 3		

B. À votre tour, donnez un conseil à chacune de ces trois personnes selon leur problème.

PERSONNE 1

....
....
....

PERSONNE 2

....
....
....

PERSONNE 3

....
....
....

3 | Activités

9. FAIS CI, FAIS ÇA !
A. Cochez les phrases qui comportent un verbe à l'impératif.

- [ ] Faites venir un médecin.
- [ ] Va à la piscine.
- [ ] Appliquer sur la plaie.
- [ ] Habillez-vous avec des matières naturelles.
- [ ] Ne vous lavez pas les cheveux tous les jours.
- [ ] Tu devrais voir un dentiste.
- [ ] Brosse-toi les dents trois fois par jour.
- [ ] Ne pas administrer aux enfants de moins de trois ans.
- [ ] Viens avec nous faire du vélo.
- [ ] Vous vous rasez tous les matins.

B. Réutilisez ces verbes dans les conseils suivants.

Si tu as les gencives sensibles, ... les dents avec une brosse souple et un dentifrice spécial.

Pour soulager tes problèmes de dos, ... à la piscine deux fois par semaine.

Si vous avez la peau sèche, ... le visage avec un savon acide.

Si tu veux acheter des produits naturels, ... avec moi au marché bio jeudi.

Pour être en forme, ... du sport régulièrement.

Si vous allez à la montagne, ... chaudement.

10. LES SYMPTÔMES
Quels sont les symptômes des maladies suivantes ?

Le rhume :
- [ ] écoulement nasal, nez bouché, éternuements
- [ ] fièvre, mal à la tête, toux

La malaria :
- [ ] fièvre élevée, grande fatigue, anémie
- [ ] maux de tête, vomissements, toux

L'otite :
- [ ] fièvre, maux de ventre, vomissements
- [ ] douleur dans l'oreille, fièvre, audition diminuée

La grippe :
- [ ] fièvre, maux de tête, fatigue
- [ ] maux de tête, maux de ventre

Lexique et médiation | 3

11. LE CORPS
A. Retrouvez 14 parties du corps dans la grille suivante.

O	M	A	I	N	J	G	O	R	G	E
R	A	R	B	R	A	S	A	J	T	D
E	I	T	O	S	M	G	V	A	R	E
I	Y	E	U	X	B	X	E	N	O	N
L	P	L	C	V	E	D	N	N	D	T
L	A	I	H	T	A	F	T	T	O	S
E	M	A	E	B	E	N	R	R	S	U
E	E	T	I	D	E	N	E	Z	S	T

B. Complétez le dessin suivant avec les mots trouvés dans la grille.

12. ET DANS VOTRE LANGUE ?

Comment exprimez-vous les symptômes suivants ?

1. J'ai mal à la tête. ....
2. J'ai mal au ventre. ....
3. J'ai de la fièvre. ....
4. J'ai mal au dos. ....
5. Je suis enrhumé. ....
6. J'ai mal à la gorge. ....

vingt-sept | 27

3 | Connectez-vous !

13. UN FORUM SANTÉ-BEAUTÉ

A. Tapez dans un moteur de recherche les mots « forum conseil santé » et rendez-vous sur l'un des nombreux sites qui proposent des conseils en ligne à partir de consultations d'internautes. Choisissez un sujet pour apporter vos propres conseils.

B. À votre tour, préparez un message avec une question. Postez-la sur le forum (pensez à bien préciser l'objet pour pouvoir retrouver votre message ensuite).

Objet : ....

Bonjour,

....

....

....

....

....

Merci d'avance,

....

C. Retournez deux jours plus tard sur le site et lisez les réponses envoyées par les internautes. Faites la liste des conseils qu'on vous donne.

....
....
....
....
....
....

Activités complémentaires en ligne sur versionoriginale.difusion.com

En ce temps-là... | 4

1. C'ÉTAIT QUAND ?

A. Exprimez les années suivantes selon la décennie ou le siècle correspondant.

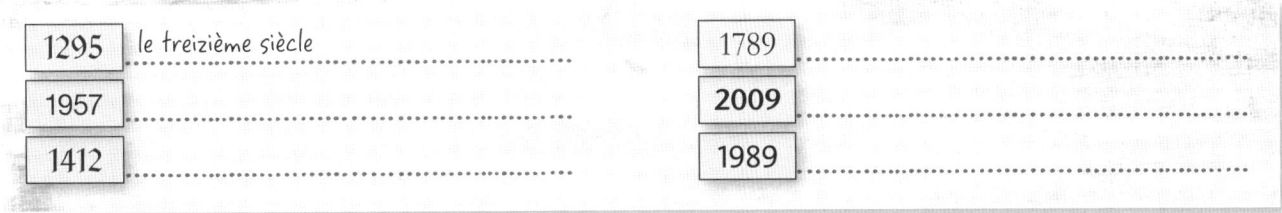

1295	le treizième siècle	1789	....
1957	....	2009	....
1412	....	1989	....

B. Proposez une phrase pour illustrer un phénomène ou un événement associé à chacune de ces périodes.

> Le 13ᵉ siècle marque le début de la Renaissance en Italie.
> ....
> ....
> ....

2. QUAND J'ÉTAIS ENFANT

A. Reconstituez des phrases cohérentes à partir des éléments suivants.

- Quand j'étais enfant • • tu verras notre nouvelle décoration.
- Quand tu viendras à la maison • • on ne peut pas transporter de liquides.
- Quand on voyage en avion • • je détestais aller à l'école.
- Quand nous étions petits • • nous écoutions de la musique sur des cassettes.

B. Imaginez une suite pour les débuts de phrases suivants.

1. Quand ma mère était petite ....
2. Quand tu auras les résultats de ton examen ....
3. Quand je vais en cours de français ....

4 | Activités

3. L'INVENTION DU TÉLÉPHONE PORTABLE

A. Complétez le texte avec les marqueurs temporels suivants.

> à cette époque   actuellement   de nos jours   dans les années 90

........................, il n'y avait pas de téléphone portable ; les gens utilisaient le téléphone fixe ou les cabines téléphoniques. ...., c'était le début des téléphones portables, mais il y avait encore peu d'utilisateurs. ...., son usage s'est répandu et beaucoup de gens ont un portable. On estime qu' .... il y a environ 4 milliards d'abonnés dans le monde.

B. Choisissez une invention et rédigez un texte sur le même modèle que celui de l'activité A.

....
....
....
....

4. ON ARRIVE DEMAIN

Cochez la colonne correspondant au sens de **on** dans chacune des phrases suivantes.

	Tout le monde	Quelqu'un	Nous
On arrive demain à 15 h.			
On t'a téléphoné pendant ta réunion.			
Avant, en France, on pouvait fumer dans les lieux publics.			
De nos jours, on passe beaucoup de temps sur Internet.			
On peut se voir mardi, si tu veux.			
Au Québec, on parle français.			
On a déposé ce paquet pour M. Charpentier.			

5. PASSÉ, PRÉSENT…

Complétez le tableau en conjuguant les verbes aux temps et aux personnes indiqués.

Infinitif	Présent	Personne	Imparfait
AVOIR	Nous **av**ons	Je	J'**av**ais
PARTIR	Nous	Nous	
FAIRE	Nous	Il	
ÊTRE	Nous	Tu	
DIRE	Nous	Elles	
POUVOIR	Nous	Vous	
ALLER	Nous	Nous	
VIVRE	Nous	Elle	
DEVOIR	Nous	Je	
UTILISER	Nous	Tu	

BLOC-NOTES

Tous les verbes forment leur imparfait à partir du radical de « nous » au présent, sauf le verbe *être*.

Nous **av**ons / J'**av**ais

Nous **finiss**ons / tu **finiss**ais

Nous **pren**ons / Vous **pren**iez

6. C'ÉTAIT BIEN

Complétez les phrases suivantes avec le verbe qui convient à l'imparfait.

adorer | aimer | avoir (x2) | être (x3) | faire | habiter | mettre | parler | passer | vivre

1. Quand j'.............. enfant, j'.............. manger des sucreries.

2. Avant de déménager, j'.............. à la campagne. J'.............. beaucoup vivre au milieu de la nature mais c'.............. compliqué pour emmener les enfants à l'école.

3. Quand je n'.............. pas de voiture, je .... deux heures pour aller au travail.

4. Au collège, mon frère et moi, nous .... toujours les plus mauvaises notes de la classe. C'.............. normal : nous ne .... jamais nos devoirs !

5. Quand je .... au Mexique, je .... beaucoup de temps au téléphone ou sur Skype avec ma famille ; nous .... pendant des heures.

4 | Activités

7. LES ANACHRONISMES
Retrouvez les anachronismes qui se sont glissés dans le dessin suivant.

Au 19ᵉ siècle, on n'utilisait pas de téléphone portable.

Activités | 4

8. QUAND J'ÉTAIS ÉTUDIANTE...

Écoutez les témoignages des personnes interviewées et indiquez si elles parlent d'une situation passée ou actuelle.

Personne	1	2	3	4	5	6	7	8
Passé								
Présent								

9. AVANT OU MAINTENANT

A. Entendez-vous les sons [ɔ̃], [ɛ̃] ou [ɑ̃] ? Écoutez les mots et cochez la case qui convient. Attention, un même mot peut comporter plusieurs sons différents.

	1	2	3	4	5	6	7
[ɔ̃]							
[ɛ̃]							
[ɑ̃]							

B. Complétez le tableau suivant avec le maximum de mots comportant une ou plusieurs nasales dans chaque catégorie. Vous pouvez vous aider de votre manuel ou d'un dictionnaire.

	Prénom	Pays	Partie du corps	Aliment
[ɔ̃]	Simon			saumon
[ɛ̃]			main	
[ɑ̃]		France		

C. ENREGISTREZ-VOUS ! Lisez les mots que vous avez écrits et enregistrez-vous.

4 | Activités

10. DE MON TEMPS…

A. Écoutez les récits et notez les différences citées par chaque personne entre avant et maintenant.

```
1. Avant : ....................................................................................
   Maintenant : ...........................................................................
2. Avant : ....................................................................................
   Maintenant : ...........................................................................
3. Avant : ....................................................................................
   Maintenant : ...........................................................................
```

B. Répondez aux questions suivantes avec des phrases complètes comme dans l'exemple.

1. En 2010, en France, on utilise toujours le franc ?
   Non, on n'utilise plus le franc, on utilise l'euro.

2. Dans votre pays, on peut fumer dans les bars et les restaurants ?
   ....

3. Aujourd'hui, les gens se déplacent-ils toujours à cheval ?
   ....

4. Vous continuez à écrire des lettres à vos amis ?
   ....

5. En 2010, il y a encore des enfants qui ne sont pas scolarisés dans le monde ?
   ....

11. UN SONDAGE DANS UNE ÉCOLE PRIMAIRE

Complétez l'article avec les indéfinis qui conviennent en vous aidant des informations du sondage.

Et pour toi, c'est quoi le bonheur ?
75 % des enfants aiment jouer au football
25 % des enfants aiment aller à la piscine
100 % des enfants adorent les sucreries

Selon un récent sondage, ... enfants aiment jouer au football, ... aiment aller à la piscine et .... les enfants adorent les sucreries.

Lexique et médiation | 4

12. LES GENS

A. Dans votre langue, y a-t-il un pronom qui signifie « les gens » ou « tout le monde », comme le « on » français ? Sinon, quelle forme utilisez-vous ?

....

B. Comment dites-vous les phrases suivantes dans votre langue ?

1. Dans les années 80, on roulait en voiture sans ceinture de sécurité.
....

2. Aujourd'hui, on a des amis sur des réseaux sociaux sur Internet.
....

3. Actuellement, on fait du vélo avec un casque.
....

13. LES ÉPOQUES

A. Quel(s) temps employez-vous pour...

	En français	Dans votre langue
décrire une situation dans le passé		
raconter un souvenir		
décrire une personne ou un objet situés dans le passé		
décrire des habitudes passées		

B. Traduisez les phrases suivantes.

1. Quand j'avais 10 ans, je voulais être astronaute. ....

2. Au 19e siècle, il n'y avait pas d'ordinateurs. ....

3. Sur cette photo tu avais les cheveux longs. ....

4 | Connectez-vous !

14. RÉCIT DE VOYAGE

A. Choisissez un voyage que vous avez fait et qui vous a marqué ou fasciné et que vous souhaitez raconter à d'autres Babelwebiens.

Indiquez :
- où vous êtes allé,
- avec qui vous avez fait ce voyage,
- ce que vous avez fait,
- ce que vous avez vu,
- ce que vous avez aimé,
- ce que vous n'avez pas aimé,
- ce qui vous a marqué,
- autres…

Pensez à structurer votre récit et à donner des détails. Vous pouvez ajouter des photos que vous avez prises pendant votre voyage.

B. Réagissez aux récits publiés.
– Si vous êtes allé au même endroit, dites si vous avez vécu des choses similaires ou différentes.
– Si vous n'êtes encore jamais allé à l'endroit dont il est question, dites si le récit vous a donné envie d'y aller ou non, remerciez l'auteur s'il vous a fait rêver, s'il vous a touché ou demandez des précisions, des informations qui vous intéressent.

http://m10.babel-web.eu

Activités complémentaires en ligne sur versionoriginale.difusion.com

L'Histoire, les histoires | 5

1. DEVINETTES

A. Complétez les devinettes suivantes avec *qui*, *que*, *où*. Donnez les réponses.

C'est un célèbre scientifique .... est né en Allemagne et .... est ensuite parti aux États-Unis .... il a vécu le reste de sa vie. C'est en 1916 ....'il publie sa théorie de la relativité générale. Sa formule la plus célèbre est E=mc².

C'est ....

C'est un peintre .... est né en Espagne et .... est mort en France. Il a longtemps vécu en Provence .... il a peint des tableaux comme ses variations sur *Les Ménines* ou *La Chute d'Icare*.

C'est ....

C'est un monument .... l'on peut voir à Paris et .... représente souvent la France. Il s'agit d'un édifice .... fait 313 m de haut et .... l'on peut monter par un escalier de 1665 marches ou par un ascenseur.

C'est ....

B. Pensez à un personnage ou à un monument célèbre et imaginez une devinette sur le même modèle que celles de l'activité A.

....

2. JE CHANTAIS / J'AI CHANTÉ

A. Indiquez dans quel ordre vous entendez le passé composé et l'imparfait des verbes suivants.

	Chanter	Parler	Aimer	Appeler	Essayer	Rencontrer	Voyager
Passé composé							
Imparfait							

B. ENREGISTREZ-VOUS ! Écoutez à nouveau ces verbes. Prononcez-les en marquant bien la différence entre le passé composé et l'imparfait et enregistrez-vous.

5 | Activités

3. ÇA, C'EST MONTMARTRE

A. Complétez la brochure suivante en conjuguant les verbes au passé composé ou à l'imparfait.

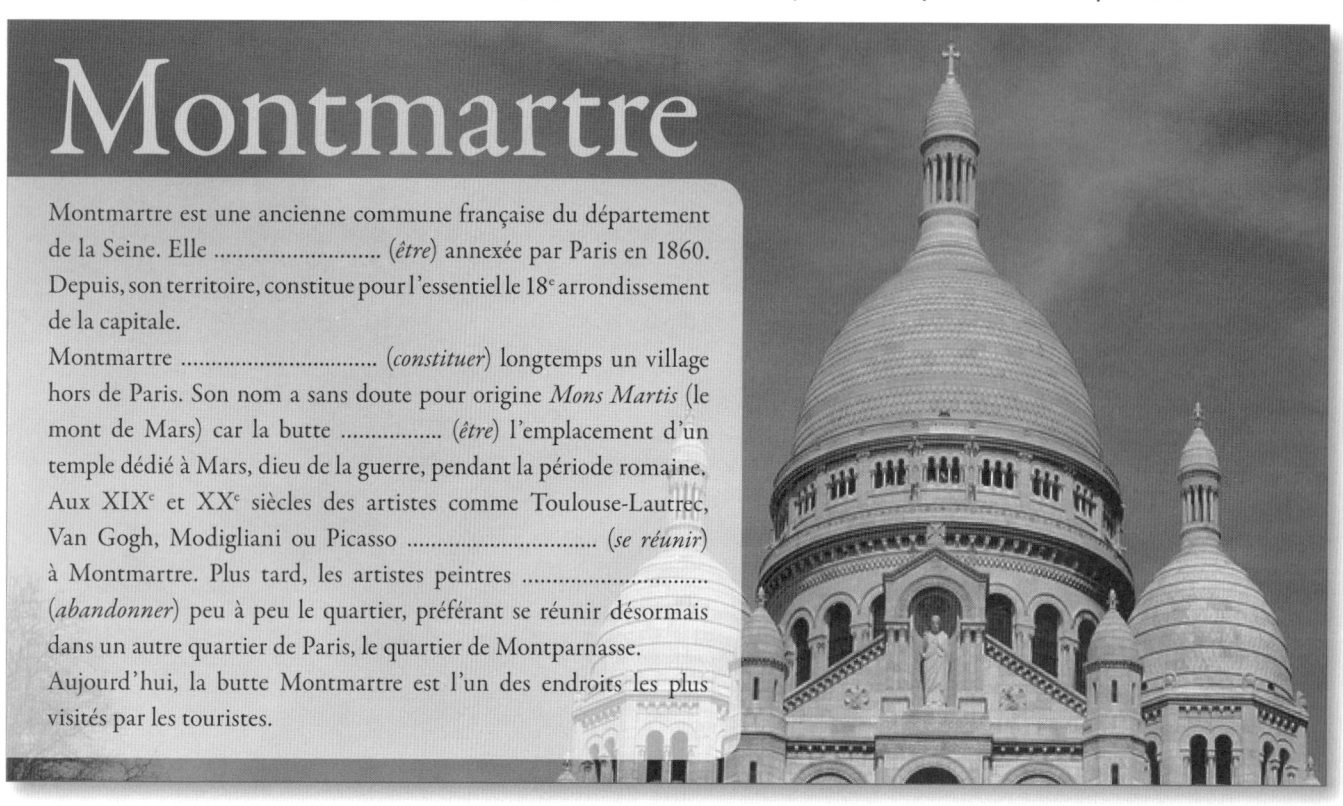

Montmartre

Montmartre est une ancienne commune française du département de la Seine. Elle .... (*être*) annexée par Paris en 1860. Depuis, son territoire, constitue pour l'essentiel le 18ᵉ arrondissement de la capitale.

Montmartre .... (*constituer*) longtemps un village hors de Paris. Son nom a sans doute pour origine *Mons Martis* (le mont de Mars) car la butte .... (*être*) l'emplacement d'un temple dédié à Mars, dieu de la guerre, pendant la période romaine. Aux XIXᵉ et XXᵉ siècles des artistes comme Toulouse-Lautrec, Van Gogh, Modigliani ou Picasso .... (*se réunir*) à Montmartre. Plus tard, les artistes peintres .... (*abandonner*) peu à peu le quartier, préférant se réunir désormais dans un autre quartier de Paris, le quartier de Montparnasse.

Aujourd'hui, la butte Montmartre est l'un des endroits les plus visités par les touristes.

B. Complétez les questions ou réponses suivantes en vous aidant du texte sur Montmartre.

1. En quelle année Montmartre a-t-elle été annexée par Paris ? ....
2. Quel arrondissement constitue son territoire ? ....
3. .... ? *Mont Martis*.
4. .... ? Toulouse-Lautrec, Picasso, Van Gogh, Modigliani.
5. .... ? À Montparnasse.

C. Écrivez un texte descriptif sur l'histoire d'un quartier ou d'une ville de votre choix sur le modèle de l'activité A.

Activités | 5

4. NÉE QUELQUE PART

A. Lisez le témoignage de Mathilde et remettez les différentes étapes de son récit dans l'ordre.

○ Je suis née à Brasilia car mes parents vivaient au Brésil à cette époque.

○ Pendant quelques années, nous avons vécu là-bas puis nous nous sommes installés en France.

○ J'ai eu du mal à m'habituer à la vie parisienne : le climat, le rythme de vie, les gens, tout était très différent. Mais après quelques années, ça a été plus facile.

○ Aujourd'hui, je vis à Bruxelles, mais je vais souvent en France voir ma famille. Malheureusement, je ne vais pas très souvent au Brésil où j'ai encore beaucoup d'amis. Peut-être l'été prochain…

○ Après mes études de langues, j'ai trouvé un travail comme interprète dans une organisation internationale et je suis allée vivre à New York.

○ Je suis allée étudier à Paris ; j'habitais dans le 18e arrondissement. Mes parents, eux, vivaient en Provence.

B. Imaginez les questions qui ont été posées à Mathilde.

1. Où êtes-vous née ?
2. ....
3. ....
4. ....
5. ....
6. ....

C. Écoutez l'interview de Mathilde pour vérifier vos réponses. *(Piste 18)*

5. FLASH INFOS

A. Écoutez le flash infos et complétez la dépêche. *(Piste 19)*

Un séisme secoue la Californie (AFP - 15/06/2010)

Un tremblement de terre de magnitude .... a frappé lundi 14 juin à ...... h ...... le .... de la Californie. La secousse a été suivie d'une dizaine de répliques et a été ressentie jusqu'à .... On n'a, pour le moment, signalé aucune ....

B. À partir de ces informations, écrivez un courriel à un ami dans lequel vous commentez les faits.

De :
À :
Objet : Séisme !

5 | Activités

6. OTTO ET SOPHIE
Lisez les renseignements sur Otto et complétez le texte avec les marqueurs temporels.

à la fin de | à partir de | en | de… à | depuis | en | après | jusqu'à | pendant

2000 : baccalauréat à Berlin
2001-2004 : études supérieures aux États-Unis
juillet-août 2004 : voyage en Grèce
mars 2005 : rencontre Sophie à Chicago
septembre 2005 : commence à étudier le français
juin 2007 : diplôme DELF A2
avril 2008 : installation en France avec Sophie
actuellement : réceptionniste dans un grand hôtel parisien

Otto a vécu en Allemagne ……………….. la fin de sa scolarité secondaire. ……………….. 2001 ……………….. 2004, il a fait ses études supérieures à Chicago, aux États-Unis. ……………….. ses études, il voyage ……………….. deux mois en Grèce. ……………….. mars 2005, Otto rencontre Sophie, une étudiante française et ……………….. septembre de cette même année, il commence à étudier le français à l'Alliance Française de Chicago. ……………….. deux ans d'études, il passe le DELF A2, qu'il réussit avec succès. ……………….. 2008, Otto et Sophie vivent en France, à Paris, où Otto travaille comme réceptionniste.

7. ART AFRICAIN
Voici la présentation d'une exposition sur l'art africain. Complétez le texte avec qui, qu(e), où.

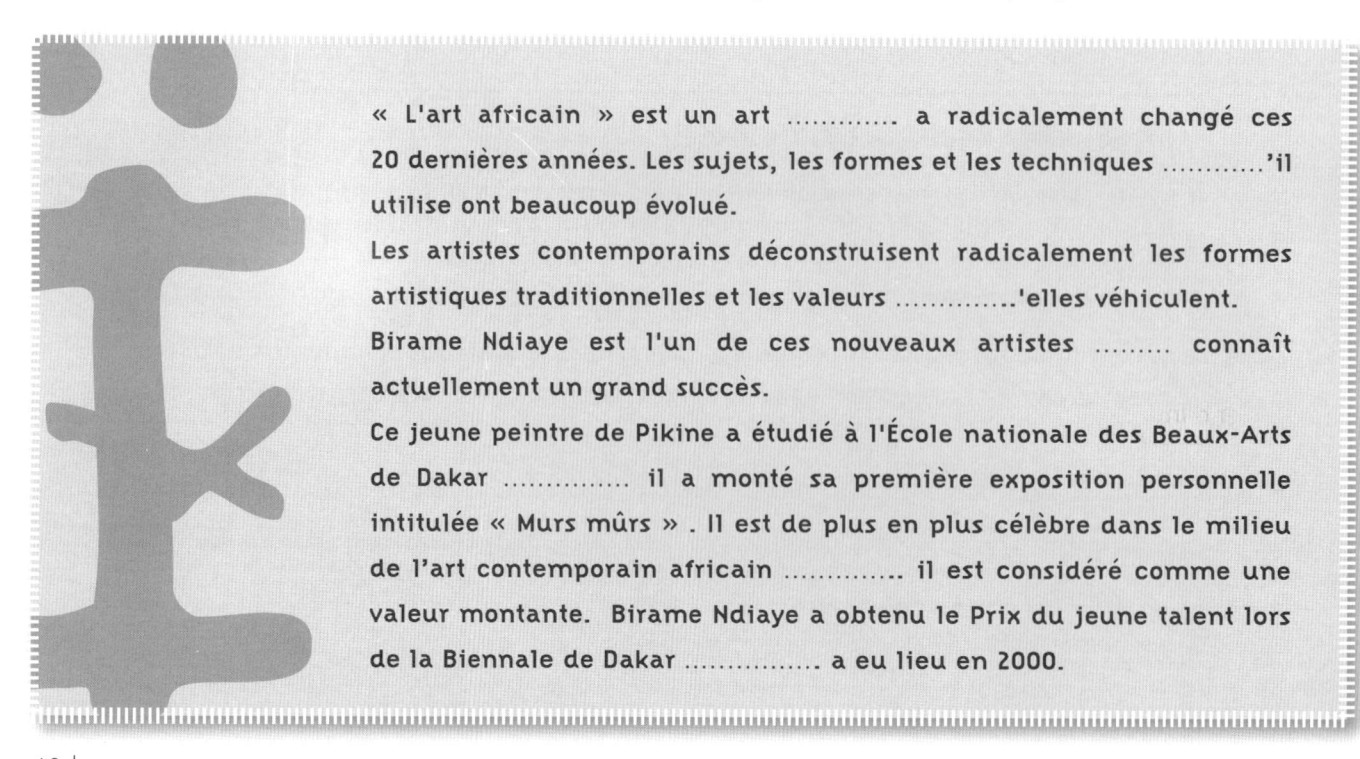

« L'art africain » est un art …………. a radicalement changé ces 20 dernières années. Les sujets, les formes et les techniques …………'il utilise ont beaucoup évolué.

Les artistes contemporains déconstruisent radicalement les formes artistiques traditionnelles et les valeurs …………'elles véhiculent.

Birame Ndiaye est l'un de ces nouveaux artistes ……… connaît actuellement un grand succès.

Ce jeune peintre de Pikine a étudié à l'École nationale des Beaux-Arts de Dakar ………… il a monté sa première exposition personnelle intitulée « Murs mûrs ». Il est de plus en plus célèbre dans le milieu de l'art contemporain africain ………… il est considéré comme une valeur montante. Birame Ndiaye a obtenu le Prix du jeune talent lors de la Biennale de Dakar ………… a eu lieu en 2000.

Activités | 5

8. LES INFORMATIONS INSOLITES

A. Entourez les formes verbales qui conviennent dans les dépêches suivantes.

Un cabinet de consultants anglais **a classé / classait** Tokyo et Oslo comme les deux villes les plus chères du monde.

Un cuisinier qui **a travaillé / travaillait** dans un restaurant anglais **a porté / portait** plainte pour « tortures en cuisine » : son chef l'**obligeait / a obligé** à mettre la tête dans une marmite de soupe au brocoli.

Pendant la Coupe du monde de football, les autorités du Bangladesh **ont ordonné / ordonnaient** à toutes les usines situées dans la capitale et ses environs de fermer les soirs où **il y a eu / il y avait** un match.

Un surfeur australien **a survécu / survivait** à une attaque de requin : il **a frappé / frappait** l'animal pendant que celui-ci l'**a attaqué / attaquait**.

Un enfant qui **a voulu / voulait** éviter d'aller chez le dentiste s'est **arraché / s'arrachait** une dent tout seul : il l'**a attachée / l'attachait** avec une ficelle reliée à une porte et il **claquait / a claqué** la porte.

B. À votre tour, rédigez une dépêche au passé en vous basant sur un fait d'actualité insolite (vous pouvez vous aider d'Internet).

5 | Activités

9. LE FESTIVAL DE CANNES

A. Écoutez l'interview et remettez les étapes du parcours de Matthieu Robert dans l'ordre.

B. Écoutez à nouveau l'interview et dites si les affirmations suivantes sont vraies ou fausses.

Matthieu a fait des études de théâtre.	vrai	faux
Matthieu a eu un parcours professionnel traditionnel.	vrai	faux
Matthieu travaillait dans un bar après ses cours.	vrai	faux
Matthieu a reçu le Prix d'interprétation masculine au Festival de Cannes.	vrai	faux
Matthieu est devenu acteur par hasard.	vrai	faux
Matthieu a eu un petit rôle dans le film *Un homme de l'ombre*.	vrai	faux

C. À partir de ces informations, rédigez un texte pour un site Internet consacré à Matthieu Robert reprenant les étapes de son parcours.

Matthieu Robert étudiait la géographie...

Lexique et médiation | 5

10. LES MOTS MIGRATEURS

A. En France, on réalise une *interview* et on part en *week-end*. La langue française est remplie de mots d'origines diverses ! Aidez-vous d'un dictionnaire unilingue ou d'un moteur de recherche sur Internet et retrouvez la langue d'origine des mots suivants.

allemand — anglais (x2) — arabe — breton — grec — italien — occitan

Interview : ....
Bizarre : ....
Clown : ....
Abricot : ....
Chic : ....
Mètre : ....
Bijou : ....
Amour : ....

B. Y a-t-il à votre connaissance, des mots d'origine française dans votre langue ? Lesquels ? À quelles autres langues fait-elle le plus d'emprunts ?

....
....
....
....

11. ET DANS VOTRE LANGUE ?

A. Y a-t-il dans votre langue, une forme grammaticale comme « être en train de + infinitif » pour exprimer qu'une action est en cours ? Laquelle ?

....

B. Comment traduisez-vous les phrases suivantes ?

1. Il est en train de faire un gâteau. ....

2. J'étais en train d'étudier quand le téléphone a sonné. ....

5 | Connectez-vous !

12. UNE PERSONNE UNIQUE

A. Vous connaissez une personne qui vous semble intéressante et vous allez la présenter en vidéo sur Internet. Vous pouvez travailler en groupe.
Quand chacun des membres de votre groupe aura présenté une personne, choisissez celle sur laquelle vous allez travailler et tourner la vidéo.

B. Avant de réaliser votre film, posez-vous quelques questions essentielles :

- Qu'est-ce que cette personne a de spécial, de particulier ?
- Qu'est-ce que nous voulons montrer au spectateur ?
- Dans quel lieu allons-nous la filmer et pourquoi ?
- Quelles questions allons-nous lui poser pour qu'elle explique qui elle est, ce qu'elle fait, qu'elle nous parle de sa vie, de ses expériences, qu'elle nous raconte une ou plusieurs anecdotes… ?

C. Préparez maintenant les questions que vous allez lui poser.

- Préférez des questions semi-fermées ou semi-ouvertes qui soient précises.
  Par exemple : Quels sont les avantages de votre métier ? Combien de personnes vous voyez chaque jour ? Pourquoi vous avez choisi de vivre ici ? Qu'est-ce que vous aimez particulièrement dans votre travail ?
- Vous pouvez aussi utiliser l'impératif. *Par exemple* : Présentez-nous ce lieu. Parlez-nous de vos débuts, etc.

Remarque : vous trouverez sur le site, dans la rubrique « Idées », des conseils et des aides pour tourner la vidéo, la monter et la mettre en ligne.

http://m7.babel-web.eu/

Activités complémentaires en ligne sur versionoriginale.difusion.com

Qui vivra verra... | 6

1. HOROSCOPE

A. Observez la liste suivante et identifiez votre signe astrologique.

♈ Bélier : 21 mars - 20 avril	♌ Lion : 23 juillet - 22 août	♐ Sagittaire : 22 novembre - 20 décembre
♉ Taureau : 21 avril - 20 mai	♍ Vierge : 23 août - 22 septembre	♑ Capricorne : 21 décembre - 19 janvier
♊ Gémeaux : 21 mai - 21 juin	♎ Balance : 23 septembre - 22 octobre	♒ Verseau : 20 janvier - 18 février
♋ Cancer : 22 juin - 22 juillet	♏ Scorpion : 23 octobre - 21 novembre	♓ Poissons : 19 février - 20 mars

Je suis ....

B. Lisez l'horoscope et complétez-le avec les verbes proposés conjugués au futur.

L'horoscope de votre année Bélier ♈ (21 mars - 20 avril)

HIVER   permettre   prendre   retrouver

À la mi-janvier, vous .... votre vitalité et votre énergie. Début mars, vous .... une décision qui vous .... de réaliser vos ambitions.

PRINTEMPS   être   conserver   obtenir   trouver

En mai, vous .... un peu trop exigeant avec vous-même, mais vous .... des contacts utiles pour votre travail et vous .... des solutions à vos problèmes. Vous .... une excellente santé pendant toute la saison.

ÉTÉ   avoir   être   faire   penser

Vous .... en pleine forme et vous .... beaucoup d'énergie. Vous .... peut-être à vous marier, mais réfléchissez bien ! En septembre, vous .... une rencontre intéressante...

AUTOMNE   aller   être   passer   profiter   sembler

En novembre, vous .... par des moments difficiles, mais tout .... mieux à partir de décembre. Votre santé .... excellente et tout .... plus facile. Vous .... chaque moment.

C. À votre tour, imaginez un horoscope par saison pour un autre signe du zodiaque sur le modèle de celui de l'activité B.

6 | Activités

2. QUAND JE SERAI GRAND…

A. Un magazine a organisé une enquête auprès d'enfants âgés de 7 à 10 ans.
Lisez la réponse de l'un d'entre eux et complétez-la en conjuguant les verbes au futur.

> avoir   pouvoir   rapporter   être   aller   faire   voir   vivre   faire

> Quand je serai grand, je .... pilote d'avion, comme ça, je .... voyager et je .... la Terre depuis le ciel. J'............... un bel uniforme et j'............... dans tous les pays du monde. Je .... plein de photos et je .... de nombreux souvenirs et cadeaux à toute ma famille !
> Pendant mes vacances, je .... à Paris sur une péniche et je .... des ballades sur la Seine.

B. Et vous, comment imaginez-vous votre vie dans 10 ans (profession, lieu de résidence, famille, etc.) ?

> ....
> ....
> ....

3. J'AI CHAUD !

A. Entendez-vous [ʃ] ou [ʒ] ? Attention, une phrase peut comporter les deux sons.

	1	2	3	4	5
[ʃ]					
[ʒ]					

B. Écoutez à nouveau et complétez les phrases avec les lettres manquantes.

> 1. Demain, il fera beau et ......aud.
> 2. ......'aime aller à la pla......e.
> 3. Nous a......etons seulement des produits biolo......iques.
> 4. Elle porte une ......upe rou......e.
> 5. On se retrouve ce soir ......ez moi ?

C. ENREGISTREZ-VOUS ! Lisez ces phrases à haute voix et enregistrez-vous.

Activités | 6

4. LA MÉTÉO

A. Écoutez la première partie du bulletin météo et dites à quelle image il correspond.

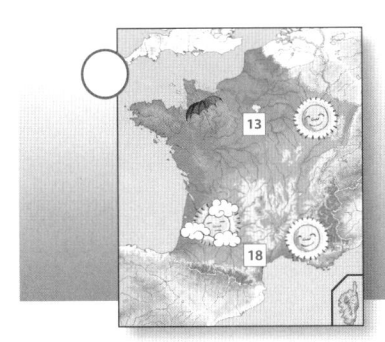

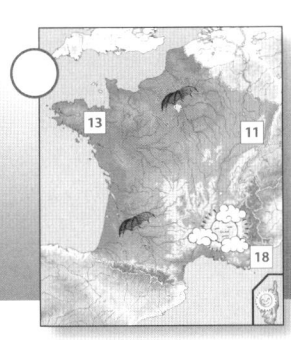

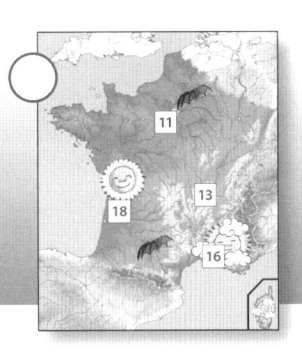

B. Écoutez la deuxième partie du bulletin météo et complétez la carte suivante.

5. UN BILAN DÉCEVANT

Choisissez la phrase dans laquelle les adjectifs sont à la bonne place.

1.
- [ ] A. Depuis plusieurs années, les gouvernements mondiaux cherchent une solution aux problèmes liés au réchauffement climatique.
- [ ] B. Depuis plusieurs années, les mondiaux gouvernements cherchent une solution aux problèmes liés au réchauffement climatique.
- [ ] C. Depuis plusieurs années, les gouvernements mondiaux cherchent une solution aux problèmes liés au climatique réchauffement.

2.
- [ ] A. De nombreux internationaux sommets ont lieu chaque année et reprennent des thèmes identiques.
- [ ] B. De nombreux sommets internationaux ont lieu chaque année et reprennent des thèmes identiques.
- [ ] C. De nombreux sommets internationaux ont lieu chaque année et reprennent des identiques thèmes.

3.
- [ ] A. Il s'agit d'un problème qui ne pourra se régler que par une politique claire et forte.
- [ ] B. Il s'agit d'un problème qui ne pourra se régler que par une claire et forte politique.
- [ ] C. Il s'agit d'un problème qui ne pourra se régler que par une claire politique forte.

4.
- [ ] A. À ce sujet, on attendra beaucoup de la prise de position du président américain lors des mois prochains.
- [ ] B. On attendra à ce sujet beaucoup de la prise de position de l'américain président lors des prochains mois.
- [ ] C. On attendra à ce sujet beaucoup de la prise de position du président américain lors des prochains mois.

6 | Activités

6. C'EST DE SAISON

A. Entendez-vous [s] ou [z] ? Attention, une phrase peut comporter les deux sons.

	1	2	3	4	5	6	7
[s]							
[z]							

B. Écoutez à nouveau et complétez les phrases avec les lettres manquantes.

1. Ils .....ont .....ouvent ab.....ents.
2. Il arrive dans quin.....e jours.
3. Il parle très bien fran.....ais.
4. Vous le connai.....ez ?
5. Je regarde peu la télévi.....ion.
6. Elle de.....ine très bien.
7. J'adore les .....eri.....es.

C. ENREGISTREZ-VOUS ! Lisez ces phrases à haute voix et enregistrez-vous.

7. PRÉSERVEZ LA NATURE EN FAISANT DES ÉCONOMIES !

Écoutez ces annonces et cochez la phrase qui correspond à la situation évoquée.

Extrait 1
- A. Si on prend les transports en commun, on fait des économies.
- B. Si on prend le métro, on pollue moins.

Extrait 2
- A. Si vous achetez un pack d'ampoules basse consommation, vous bénéficiez d'une promotion sur la deuxième.
- B. Si vous achetez un pack d'ampoules basse consommation, le deuxième est gratuit.

Extrait 3
- A. Si vous achetez une voiture neuve avant le 20 décembre, vous profiterez d'offres exceptionnelles.
- B. Si vous achetez une voiture neuve à partir du 20 décembre, vous profiterez d'offres exceptionnelles.

Extrait 4
- A. Si vous roulez à 110 km/h, vous produisez 30 % de carbone.
- B. Si vous roulez à 90 km/h, vous réduisez vos émissions de carbone.

8. QUELQUES IDÉES POUR LA PLANÈTE

A. Une association a fait la liste des bonnes habitudes à prendre pour polluer moins. Complétez la liste suivante avec vos propres propositions.

SAUVONS LA PLANÈTE !
1. Développer les transports en commun
2. Trier les déchets
3. Éteindre les lumières
4. ....
5. ....
6. ....

B. Reprenez chaque proposition sous forme de condition pour former des phrases complètes.

1. Si on développe les transports en commun, on produira moins de carbone.

9. C'EST PROBABLE

A. Classez les affirmations suivantes de la moins sûre (1) à la plus sûre (4).

- A. À l'avenir, il y aura certainement de nombreuses catastrophes naturelles.
- B. Dans 10 ans, nous nous déplacerons peut-être tous en voiture électrique.
- C. Dans les années à venir, plusieurs espèces animales disparaîtront sûrement.
- D. Nous ne verrons sans doute pas la fin du monde.

B. Reformulez les affirmations précédentes de manière à exprimer des degrés de certitude différents.

6 | Activités

10. LA CONVENTION SUR LES CHANGEMENTS CLIMATIQUES

A. Écoutez le document audio et prenez des notes afin de compléter la fiche suivante.

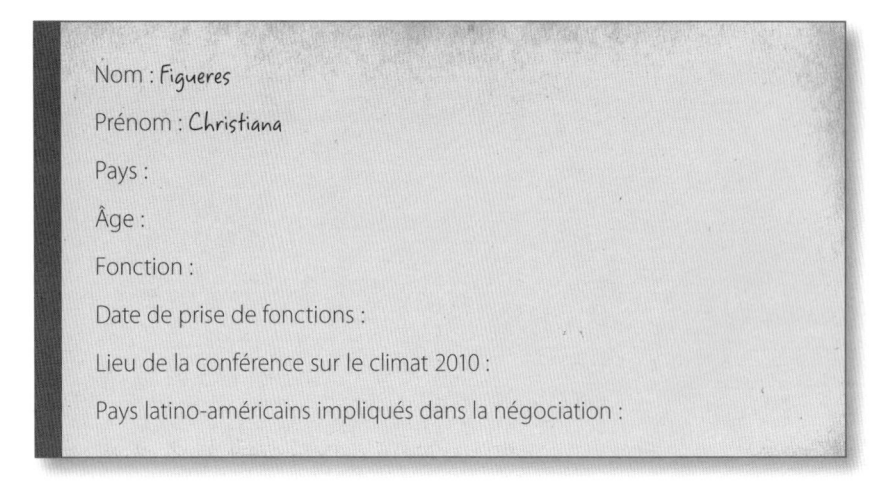

> Nom : Figueres
> Prénom : Christiana
> Pays :
> Âge :
> Fonction :
> Date de prise de fonctions :
> Lieu de la conférence sur le climat 2010 :
> Pays latino-américains impliqués dans la négociation :

B. Rédigez une dépêche à partir des informations de l'activité A.

11. LES PHRASES À RALLONGE

Développez les phrases suivantes en ajoutant des éléments caractérisants : adjectifs, adverbes, relatives, groupes prépositionnels.

1. Le chat boit une tasse de lait : Le petit chat gris boit une grande tasse de lait chaud.

2. Les arbres de la forêt produisent de l'oxygène :

3. Un homme marche dans la rue :

4. En janvier, j'aurai un travail.

5. En 2050, les gens se déplaceront à vélo :

Lexique et médiation | 6

12. LES PROVERBES
A. Devinez quelle est la fin des proverbes suivants (vous pouvez vous aider d'un dictionnaire des proverbes ou d'Internet).

1. Si tu parles peu, tu entendras
- A. moins bien.
- B. davantage.

(Proverbe russe)

2. Jette le chanceux dans la rivière, il en ressortira avec
- A. un poisson dans la bouche.
- B. des algues sur la tête.

(Proverbe arabe)

3. La roue arrière d'une voiture passera là
- A. où la roue avant est passée.
- B. où tu la conduiras.

(Proverbe turc)

4. Qui donne beaucoup, recevra
- A. des coups.
- B. beaucoup.

(Proverbe hollandais)

B. Y a-t-il des proverbes équivalents dans votre pays ? Lesquels ?

....
....
....
....

13. LA PLUIE ET LE BEAU TEMPS
En français, on dit qu'il fait beau ou qu'il fait mauvais temps, qu'il fait chaud ou qu'il fait froid.
Et dans votre langue, employez-vous aussi le verbe « faire » pour parler du temps ?
Sinon, quel(s) verbe(s) employez-vous ?

6 | Connectez-vous !

14. *HOME*

A. Allez sur le site de la fondation *goodplanet*, du photographe Yann Arthus-Bertrand et téléchargez gratuitement le film *Home*, sorti simultanément dans les cinémas de 50 pays et sur Internet le 5 juin 2009. Vous pouvez également aller directement sur le site du film en tapant « home 2009 » ou « home+arthus-bertrand » dans un moteur de recherche.

B. Regardez le film et répondez aux questions suivantes.

1. Quel est le sujet du film ? Quel est son objectif principal ?
2. Avez-vous reconnu des images de votre pays ? Lesquelles ? Vous semblent-elles bien choisies ?
3. Quelles sont les conséquences de l'action de l'homme sur la planète selon le film ?
4. Que se passera-t-il si nous ne changeons pas nos modes de vie dans les 10 prochaines années ?
5. Quelles sont les solutions proposées ?
6. Pensez-vous qu'un tel film peut être utile ? Pourquoi ?

C. Allez à nouveau sur le site du film *Home* et laissez un commentaire dans l'espace « commentaires ».

Activités complémentaires en ligne sur versionoriginale.difusion.com

Je vous en prie... | 7

1. LA BONNE FORMULE

Selon vous, quelles sont les formules d'acceptation ou de refus les mieux adaptées aux situations suivantes ? Entourez-les.

1. – On pourrait aller au ciné demain, ça te dit ?
   – _____, j'ai très envie de voir le dernier Klapisch.   **Non, pas du tout**   **Non merci**   **Oui, d'accord**

2. – Si tu veux, je te dépose.
   – _____ je préfère marcher.   **C'est gentil mais**   **Oui, bien sûr**   **Je regrette vraiment mais**

3. – Je peux vous aider ?
   – _____, cette valise est très lourde !   **Très volontiers**   **Pas de problème**   **Désolé(e)**

4. – Si tu as trop de travail, on peut annuler les vacances !
   – _____ je vais m'arranger !   **C'est gentil mais**   **Oui, bien sûr**   **Je regrette vraiment mais**

5. – Ça vous ennuie si je fume ?
   – _____ je ne supporte pas la fumée.   **Je regrette mais**   **Non, pas du tout**   **Non, pas question**

6. – Tu as le livre que je t'avais demandé ?
   – _____, j'ai complètement oublié !   **Pas de problème**   **Bien entendu**   **Je suis vraiment désolée**

7. – Tu pourras me ramener après le concert ?
   – _____, c'est sur ma route.   **Très volontiers**   **Pas de problème**   **Je regrette mais**

8. – Tu as pensé à inviter les Durand ?
   – _____, je leur ai envoyé un courriel hier.   **Bien entendu**   **Non**   **Oui, d'accord**

2. ET SI JE CONJUGUAIS...

Complétez le tableau suivant.

Imparfait	Futur	Conditionnel
Je pouvais	Je pourrai	Je pourrais
	Tu voudras	
		Il parlerait
	Nous serons	
Il fallait		
Vous aviez		
		Elles iraient
	On téléphonera	
Ils venaient		
		Je passerais
	Nous devrons	

BLOC-NOTES

Le conditionnel se forme sur la base du futur à laquelle sont ajoutées les terminaisons de l'imparfait.

7 | Activités

3. ÇA TE DIT ?

A. Écoutez les dialogues et remplissez les fiches suivantes.

Dialogue 1
Objet ou service demandé,
....
acceptation   refus
Formule utilisée :
....

Dialogue 2
Objet ou service demandé,
....
acceptation   refus
Formule utilisée :
....

Dialogue 3
Objet ou service demandé,
....
acceptation   refus
Formule utilisée :
....

B. À votre tour, créez un mini-dialogue sur le modèle des textes précédents à partir de la situation proposée. Aidez-vous des indications données entre parenthèses.

Situation : Pascal invite Julie au théâtre, mais celle-ci n'a pas envie d'y aller : elle n'aime pas les acteurs qui jouent dans la pièce et n'a pas beaucoup de temps libre en ce moment.

Pascal : *(a deux billets pour le théâtre samedi et invite Julie)*
....

Julie : *(refuse poliment)*
....

Pascal : *(insiste, a très envie de voir cette pièce)*
....

Julie : *(n'est pas libre samedi)*
....

Pascal : *(propose de changer la date)*
....

Julie : *(refuse un peu plus fermement)*
....

Pascal : Bon, tant pis… On ira une autre fois.

Activités | 7

4. LES SCÈNES DU LANGUEDOC

A. Complétez cet échange en conjuguant les verbes au conditionnel.

> devoir pouvoir souhaiter être préférer falloir vouloir pouvoir

---

De : arnaud.blier@version.vo
À : festival.languedoc@version.vo
Objet : demande de renseignements

Bonjour,
Je vous écris car je .... recevoir la programmation du prochain festival de théâtre, « Scènes du Languedoc ». Je .... également connaître les dates exactes du festival et s'il faut réserver à l'avance.
Merci,

Arnaud Blier

De : festival.languedoc@version.vo
À : arnaud.blier@version.vo
Objet : RE : demande de renseignements

Cher monsieur,
Vous trouverez ci-joint la programmation du prochain festival « Scènes du Languedoc », qui aura lieu du 13 au 29 juillet. En effet, vous .... réserver vos places à l'avance, à partir du 1er juin, car certains spectacles .... être complets.
Cordialement,

Le service culturel

De : festival.languedoc@version.vo
À : arnaud.blier@version.vo
Objet : RE : RE : RE : demande de renseignements

Cher monsieur,
Vous pouvez réserver sur notre site www.scenesdulanguedoc.vo. Nous .... exceptionnellement vous faire une pré-réservation par téléphone, mais il .... la confirmer avant le 30 juin au plus tard.
Très cordialement,

Le service culturel

De : arnaud.blier@version.vo
À : festival.languedoc@version.vo
Objet : RE : RE : demande de renseignements

Merci pour ces renseignements.
Une dernière chose : je .... éviter d'acheter par Internet, ...-il possible de réserver mes places par téléphone ou par courriel ?
Bien à vous,

A. Blier

B. Relisez l'échange de courriels de l'activité A et choisissez la réponse correcte (attention, il peut y avoir plusieurs réponses possibles).

1. Arnaud Blier écrit au service culturel du festival pour :
☐ connaître les dates exactes du festival.
☐ recevoir le programme.
☐ connaître le prix des entrées.

2. Le festival « Scènes du Languedoc » a lieu :
☐ entre le 1er juin et le 13 juillet.
☐ entre le 13 et le 29 juillet.
☐ entre le 1er et le 30 juin.

3. Pourquoi lui conseille-t-on d'acheter ses places à l'avance ?
☐ Pour avoir une bonne place.
☐ Parce que les spectacles sont presque complets.
☐ Pour être sûr d'avoir une place.

4. Arnaud ne veut pas acheter ses entrées par Internet.
☐ Vrai.
☐ Faux.
☐ On ne sait pas.

5. Arnaud peut faire une pré-réservation :
☐ par téléphone.
☐ par courriel.
☐ sur le site du festival.

C. Imaginez le dernier courriel d'Arnaud Blier.

7 | Activités

5. S'IL VOUS PLAÎT
Reformulez les phrases suivantes de façon courtoise et variée.

1. Éteignez votre cigarette : Est-ce que vous pourriez éteindre votre cigarette, s'il vous plaît ?
2. Prête-moi ton téléphone : ....
3. Je veux vous parler : ....
4. Nous avons besoin d'un renseignement : ....
5. Passe-moi la bouteille d'eau : ....
6. Poussez-vous ! : ....
7. Je veux un café ! : ....
8. Vous devez faire un régime : ....

6. PAS DE PROBLÈME !
A. Lisez ces phrases et placez-les dans le tableau suivant.

> Je regrette vraiment.
> Non, pas question !
> Oui, bien sûr !
> Pas de problème !
> Je suis vraiment désolé(e).
> Très volontiers.
> Bien entendu !
> Oui, d'accord.

Acceptation neutre	Acceptation enthousiaste	Refus poli	Refus radical

B. ENREGISTREZ-VOUS ! Vérifiez vos réponses, écoutez, répétez et enregistrez-vous.

7. J'AIMERAIS BEAUCOUP...

Imaginez les questions aux réponses suivantes.

1. ....

J'aimerais beaucoup t'accompagner mais samedi je ne peux pas.

2. ....

Oui, je voudrais parler italien, japonais et urdu.

3. ....

Moi, je voudrais pouvoir voler comme un oiseau.

4. ....

Ah, non ! Ça doit être très stressant.

8. TU POURRAS OU TU POURRAIS ?

Écoutez les phrases suivantes et dites si elles comportent un verbe à l'imparfait, au futur ou au conditionnel. Cochez la case qui convient dans le tableau suivant.

	Imparfait	Futur	Conditionnel
1			
2			
3			
4			
5			
6			
7			

7 | Activités

9. LA BONNE FORMULE
Qu'est-ce que vous diriez pour…

1. refuser de faire des heures supplémentaires au travail : ....

2. inviter un ami à sortir : ....

3. refuser catégoriquement de prêter votre voiture : ....

4. demander un service à un collègue de travail : ....

5. accepter avec enthousiasme une invitation à dîner : ....

10. UNE SOIRÉE D'ANNIVERSAIRE

Piste 30

A. Écoutez la conversation et dites qui va aller à la soirée d'anniversaire de Thomas.

	Sophie	Ali	Stéphane	Caroline
Oui				
Non				
Ne sait pas				

B. Qu'ont-ils finalement décidé d'organiser pour l'anniversaire de Thomas ?

☐ Une soirée au théâtre.   ☐ Un dîner surprise.   ☐ Un festival de jazz.

C. Stéphane a besoin de sortir un peu plus tôt du travail pour préparer le dîner.
Il doit demander une autorisation à son patron. Complétez le courriel qu'il lui envoie.

De : stephane.lacroix@version.vo
À : pascal.lambert@version.vo
Objet : demande d'autorisation

M. Lambert,

....

....

Merci de votre compréhension.

....

Stéphane Lacroix

58 | cinquante-huit

Lexique et médiation | 7

11. LES FORMULES DE POLITESSE
A. Quelles formules utiliseriez-vous dans les cas suivants ?

- Remercier.
- Répondre à un remerciement.
- Avant un repas.
- Quand quelqu'un éternue.

- Bon appétit !
- Pas de quoi. / De rien.
- Merci. / Merci beaucoup.
- À tes / vos souhaits !

B. Complétez le dialogue suivant avec des formules de politesse.

– ...., je ne vous avais pas vu, allez-y !

– ....

– Je vous en prie.

12. ET DANS VOTRE LANGUE ?
En français, les demandes sont souvent formulées avec le verbe « pouvoir » au conditionnel.
Et dans votre langue ? Existe-t-il un verbe équivalent ?
Traduisez les demandes suivantes.

1. Pourriez-vous me passer le sel ?
....

2. Est-ce que je pourrais prendre un jour de congé demain ?
....

3. Est-ce que tu pourrais me prêter ta voiture ce week-end ?
....

13. LES MOTS DU THÉÂTRE
Placer les lettres dans le bon ordre et retrouvez des mots qui appartiennent au vocabulaire du théâtre.

OMILEËR : **MOLIÈRE**
ATSFILEV : **F** ☐☐☐☐☐☐☐
DOCÉNIME : **C** ☐☐☐☐☐☐ **N**
UREATU : **A** ☐ **T** ☐☐☐
MARDE : **D R** ☐☐☐

CESÈN : **S** ☐☐☐ **E**
PREUTO : **T** ☐☐☐ **P** ☐
TUSRAEPSTEC : **S** ☐☐ **C** ☐☐☐☐☐☐ **S**
ONASIPMIROVIT : **I** ☐☐☐☐ **O V** ☐☐☐☐☐☐
BUCILP : ☐ **U** ☐☐☐☐

7 | Connectez-vous !

14. LE FESTIVAL D'AVIGNON

A. Allez sur le site du Festival de théâtre d'Avignon et cherchez les renseignements nécessaires pour compléter ces deux fiches.

Fiche générale : ....

Fondateur : ....
Année de fondation : ....
Directeurs actuels : ....
Type de festival : ....
Qui choisit les spectacles présentés ? ....
Combien y a-t-il de spectacles présentés chaque année ? ....
Qu'est-ce que le « Off » ? ....

Cette année : ....

Édition n° : ....
Dates : ....
Lieux du festival : ....
Artistes associés : ....
Nombres d'artistes invités : ....

B. Composez votre programme !
Choisissez, parmi la programmation de cette année, les spectacles auxquels vous aimeriez assister. Vous choisissez :

- deux pièces de théâtre :
  - ....
  - ....

- une exposition :
  - ....

- un concert :
  - ....

- un film :
  - ....

Activités complémentaires en ligne sur versionoriginale.difusion.com

Apprendre en jouant | 8

1. OÙ EST-CE ?

A. Retrouvez le nom des villes françaises et reliez chaque ville à sa définition.

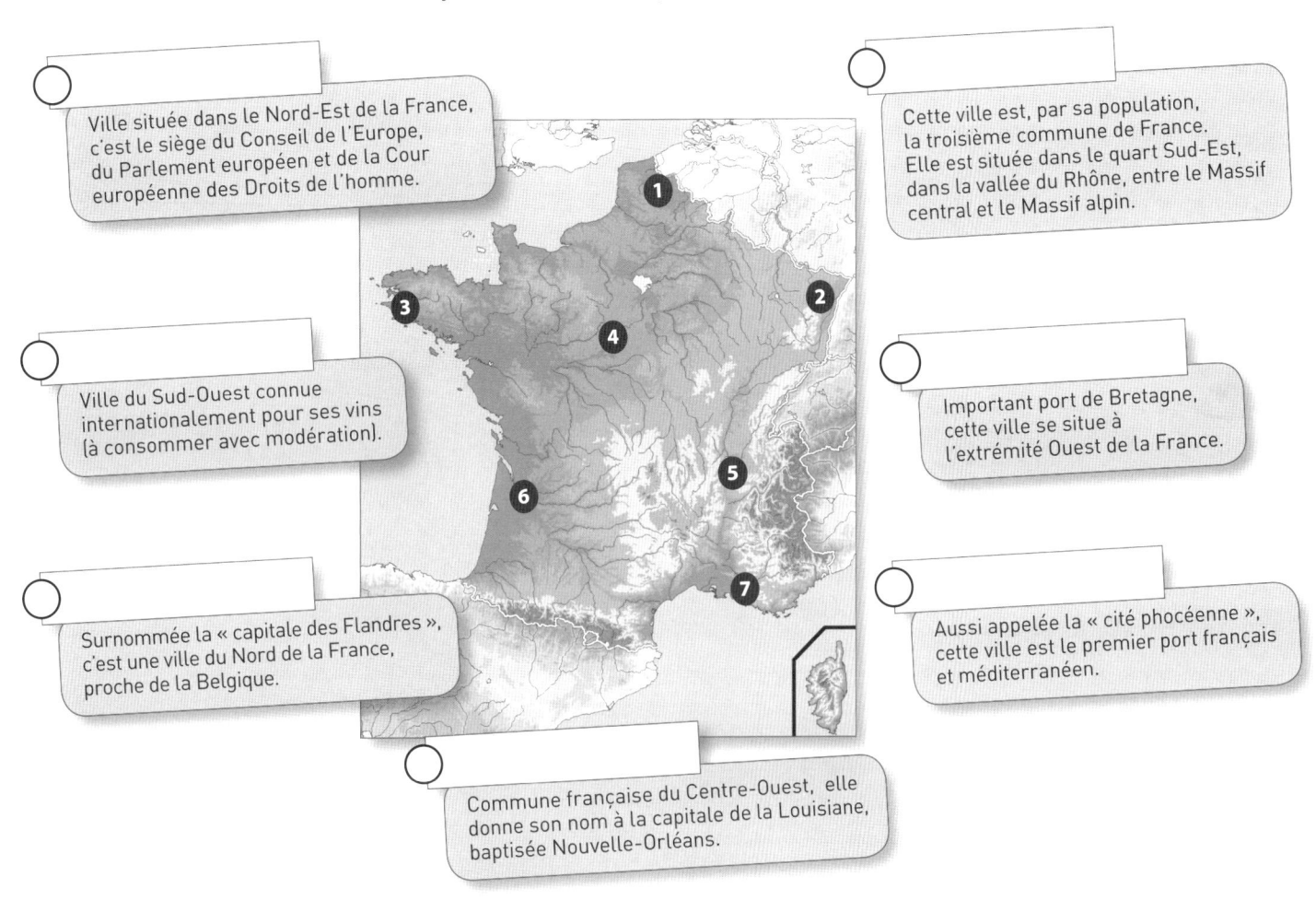

Ville située dans le Nord-Est de la France, c'est le siège du Conseil de l'Europe, du Parlement européen et de la Cour européenne des Droits de l'homme.

Cette ville est, par sa population, la troisième commune de France. Elle est située dans le quart Sud-Est, dans la vallée du Rhône, entre le Massif central et le Massif alpin.

Ville du Sud-Ouest connue internationalement pour ses vins (à consommer avec modération).

Important port de Bretagne, cette ville se situe à l'extrémité Ouest de la France.

Surnommée la « capitale des Flandres », c'est une ville du Nord de la France, proche de la Belgique.

Aussi appelée la « cité phocéenne », cette ville est le premier port français et méditerranéen.

Commune française du Centre-Ouest, elle donne son nom à la capitale de la Louisiane, baptisée Nouvelle-Orléans.

B. À votre tour, rédigez cinq phrases décrivant cinq villes de votre pays.

1. ....
2. ....
3. ....
4. ....
5. ....

8 | Activités

2. JEU DE VERBES

Piste 31 Écoutez le document audio afin de compléter le tableau suivant et conjuguez les verbes selon les indications.

Verbe	Personne	Temps	Conjugaison
savoir	je	imparfait	je savais
parler	il / elle	passé composé	il / elle a parlé

3. VIVRE EN PROVINCE

Imaginez les questions qui ont pu être posées à Arthur.

– Bonjour et merci d'avoir accepté de répondre à nos questions sur les Parisiens qui ont choisi de s'installer en province.
– Je vous en prie.

– Comment vous vous appelez et vous êtes d'où ?
– Je m'appelle Arthur et je suis originaire de Paris.

– .... ?
– Je suis architecte.

– .... ?
– À Bordeaux, dans le Sud-Ouest.

– .... ?
– Il y a cinq ans, après mes études dans une école d'architecture de Paris.

– .... ?
– Parce que la vie y est agréable et qu'on est près de la mer.

– Merci beaucoup pour vos réponses Arthur !
– De rien, au revoir.

Activités | 8

4. AVEZ-VOUS UNE QUESTION ?
Reconstituez des questions cohérentes et répondez-y.

> … s'appellent les habitants de Paris ?
> … était Jacques Brel ?
> … est la capitale du Mali ?
> … étudiez-vous le français ?
> … a été créé le mot « francophonie » ?
> … a lieu le festival de cinéma le plus important de France ?
> … veut dire le mot « jouer » ?
> … de personnes parlent français dans le monde ?

Quelle .... ?
Réponse ....

Qui .... ?
Réponse ....

Où .... ?
Réponse ....

Que .... ?
Réponse ....

Comment .... ?
Réponse ....

Combien .... ?
Réponse ....

Quand .... ?
Réponse ....

Pourquoi .... ?
Réponse ....

5. LES LANGUES DANS LE MONDE
A. Dans quels pays parle-t-on ces différentes langues ? Donnez au moins trois pays par langues.

On parle français **en** France, **en** Belgique, ...

On parle arabe ....

On parle espagnol **en** Espagne, **au** Mexique, ...

On parle mandarin ....

On parle anglais ....

On parle portugais ....

B. Répondez aux questions en utilisant les expressions :
je sais, je crois, je ne suis pas sûr, je ne sais pas, aucune idée.

1. Est-ce qu'on parle français à Haïti ? *Je crois que oui.*

2. Est-ce qu'on parle espagnol au Chili ? ....

3. Quelle langue parle-t-on au Mozambique ? ....

4. Où parle-t-on mandarin ? ....

5. Est-ce qu'on parle anglais au Brésil ? ....

6. Quelles langues parle-t-on aux Seychelles ? ....

8 | Activités

6. UN PÈRE DE LA FRANCOPHONIE

A. Complétez le texte suivant avec les verbes conjugués au temps qui convient (présent, passé composé, imparfait, futur).

> approfondir considérer être naître être mourir se construire

Léopold Sédar Senghor .... un poète, un écrivain et un homme politique sénégalais. Il .... le 9 octobre 1906 à Joal, au Sénégal et il .... le 20 décembre 2001 à Verson, en France.

Il .... le premier président du Sénégal (1960-1980) et aussi le premier Africain à siéger à l'Académie française.

Sa poésie, essentiellement symboliste, ... sur l'espoir de créer une Civilisation de l'Universel, fédérant les traditions par-delà leurs différences. Plus tard, il .... le concept de négritude, notion introduite par Aimé Césaire.

On le .... comme l'un des pères fondateurs de la francophonie.

B. À partir du texte précédent, imaginez cinq questions que vous pourriez poser à un historien spécialiste de Léopold Sédar Senghor et répondez-y.

1. Où est né Léopold Sédar Senghor ?
   Il est né à Joal, au Sénégal.
2. ....
3. ....
4. ....
5. ....
6. ....

7. Y A-T-IL UN « T » ?

A. Transformez ces interrogations en inversant le pronom sujet ; rajoutez un **t** si nécessaire.

1. Comment il va ? *Comment va-t-il ?* ....
2. Avec qui elle habite ? ....
3. Pourquoi elle fait du sport ? ....
4. Le Mali est un pays francophone ? ....
5. Le français est la langue officielle de la Suisse ? ....
6. Quand est-ce qu'il part à Monaco ? ....
7. Il y a combien d'habitants au Québec ? ....
8. Comment il s'appelle ? ....

B. ENREGISTREZ-VOUS ! Écoutez les phrases. Vérifiez vos réponses, répétez et enregistrez-vous.

Activités | 8

8. OÙ HABITENT-ILS ?
Observez les fiches et complétez le tableau.

Fatou
Ouagadougou
Burkina Faso

Nathalie
Montréal
Québec

Ben
Nouvelle-Orléans
États-Unis

Yasmina
Rabat
Maroc

Luc
Bruxelles
Belgique

	Pays de résidence	Il / elle vit...
Fatou	le Burkina Faso	Elle vit à Ouagadougou, au Burkina Faso.
Nathalie		
Ben		
Yasmina		
Luc		

9. SAVEZ-VOUS POSER DES QUESTIONS ?
A. Parmi les deux propositions de questions, choisissez celle qui vous semble la plus adaptée au contexte.

1. Dans une lettre administrative :
☐ Pourriez-vous m'indiquer les documents à fournir ?
☐ Vous pouvez m'indiquer les documents à fournir ?

2. À un camarade de classe :
☐ Pourrais-tu me prêter ton livre ?
☐ Est-ce que tu peux me prêter ton livre ?

3. Dans un courrier électronique à un collègue de travail :
☐ Est-ce que tu vas à la réunion de vendredi ?
☐ Vas-tu à la réunion de vendredi ?

4. À un inconnu dans la rue :
☐ Est-ce que vous avez l'heure, s'il vous plaît ?
☐ Vous avez l'heure ?

B. Formulez une question adaptée à chacune des situations suivantes.

1. Pour demander votre chemin à un passant. ....
2. Pour demander une information à un office du tourisme. ....
3. Pour demander son adresse à un camarade de classe. ....
4. Pour demander les horaires d'ouverture de la Poste. ....
5. Pour demander à un ami ce qu'il va faire le week-end prochain. ....

8 | Activités

10. QUEL AVENIR POUR LA FRANCOPHONIE ?

A. Écoutez le document audio et, pour chaque information, cochez la case correspondante.

Piste 33

	Situation passée	Situation présente	Situation future
20 mars			
Apparition du terme « francophonie »			
Fondation de l'OIF			
200 millions de locuteurs francophones			
Secrétaire général de la Francophonie			
Importance de la place accordée à la francophonie en Afrique			

B. Quelle est la situation actuelle de votre langue à l'échelle internationale (origines, nombre de locuteurs, rôle dans d'autres pays, représentation à l'ONU, etc.) ? Quelle sera selon vous sa situation dans les années à venir ?

Actuellement, ...

....

....

....

....

....

....

Lexique et médiation | 8

11. LES GENRES DES PAYS

En français, les noms de pays sont soit masculins soit féminins. Et dans votre langue de quel genre sont les noms de pays ? Quels sont les genres des pays suivants en français et dans votre langue ?

	En français	Dans votre langue
France	Féminin	
Mauritanie		
Japon		
Algérie		
Mexique		
Russie		
Vietnam		
Canada		
Syrie		

12. EST-CE QUE TU PARLES FRANÇAIS ?

Y a-t-il une structure interrogative équivalente à « est-ce que » dans votre langue ? Si oui, laquelle ? Traduisez les phrases suivantes.

1. Est-ce que tu parles français ?
....

2. Est-ce que vous avez l'heure ?
....

3. Est-ce que tu connais Marlène ?
....

4. Est-ce que la Mauritanie est un pays francophone ?
....

8 | Connectez-vous !

13. LA SEMAINE DE LA LANGUE FRANÇAISE

Chaque année, en mars, le ministère de la Culture et de la Communication organise la Semaine de la langue française et de la francophonie. À cette occasion, de nombreuses manifestations ont lieu en France et à l'étranger. Elles ont pour but d'inviter le public à se réunir autour de la langue française et de montrer que cette langue est multiple et fédératrice d'un espace culturel commun à tous les francophones et amoureux du français.

Chaque année, un Comité de partenaires choisit 10 mots selon une thématique particulière. Ces mots permettent d'orienter les différentes manifestations qui auront lieu dans le monde entier autour d'une thématique commune.

A. Allez sur le site de l'OIF ou du ministère de la Culture et renseignez-vous sur les éditions antérieures de la Semaine de la langue française.

....

....

B. Quels étaient les 10 mots proposés en 2010 ?

C. Quels sont les 10 mots proposés cette année ?

D. Recherchez sur le site les manifestations réalisées cette année dans votre pays.

....

....

Activités complémentaires en ligne sur versionoriginale.difusion.com

Annexes

▶ Culture
▶ Transcriptions des enregistrements

Culture

L'occitan

L'occitan ou *langue d'oc* fait partie des treize langues régionales officiellement reconnues en France : elle est parlée dans la moitié sud de la France, dans le Val d'Aran en Espagne et dans la partie ouest du Piémont (Italie).
L'occitan a été la langue culturelle du Sud de la France pendant toute la période médiévale, particulièrement grâce aux troubadours (de l'occitan *trobador*) avant d'être écartée au profit du français au 16e siècle. De nos jours, l'occitan est considéré comme une « langue régionale » et peut ainsi être enseigné dans les établissements scolaires ; cet enseignement n'est cependant pas obligatoire.
On estime le nombre de ses locuteurs actuels en France entre 500 000 et 1 million de personnes.

Et dans votre pays, combien de langues sont parlées ?
Ont-elles toutes un statut officiel ? Sont-elles enseignées à l'école ?
Combien d'entre elles parlez-vous / utilisez-vous ?

Vivre sur une péniche à Paris

Sa péniche, Bertrand l'adore ! Avec 39,5 m de long et 5 m de large, elle a une surface habitable de 170 m² (entrée, salle à manger, salon, cuisine américaine, 3 chambres, salle de bain) et aussi une magnifique terrasse pour les beaux jours !
Depuis 5 ans, Bertrand mène une existence paisible sur son bateau-logement : « Je vivais dans un appartement minuscule à Paris. J'avais besoin d'espace. Avec ma famille, on voulait profiter de la ville sans les inconvénients. Après notre journée de travail, on est vraiment heureux de quitter l'agitation pour retrouver le calme de notre péniche. »

Et vous, aimeriez-vous vivre sur une péniche ?
Connaissez-vous un autre type d'habitation aussi original qu'une péniche ?

Culture

Le « langage SMS »

Quand on communique par texto (sms), *chat* ou courrier électronique, il est courant de rencontrer les abréviations suivantes.
Savez-vous ce qu'elles expriment ?

Lol •	• Demain
Mdr •	• À plus tard
@+ •	• Bises
Stp •	• Mort de rire
Biz •	• J'ai
We •	• Week-end
2m1 •	• Je trouve ça très drôle
Msg •	• Message
G •	• S'il te plaît

On se voit qd ?
Tu fais koi 2m1 ou ce we ?
@+

LOL : de l'anglais *laughing out loud* (l'équivalent en français de « rire aux éclats »), marque le rire et l'amusement. Il signifie « je trouve cela drôle » ou « comme tu es amusant » ; il peut être remplacé par « *mdr* » signifiant « mort de rire ».

SMS : de l'anglais *short message service*, désigne les messages envoyés et reçus par téléphone portable. On parle aussi de mini-message, message de texte ou texto.

Quelques dates

Voici quelques dates qui sont très importantes dans la mémoire collective française. Savez-vous à quels événements elles correspondent ?

1492 •	• Grève générale et manifestations étudiantes
1515 •	• La France gagne la Coupe du monde de football
14 juillet 1789 •	• Première Guerre mondiale
1914-1918 •	• Prise de la Bastille
mai 1968 •	• Découverte de l'Amérique par Christophe Colomb
1998 •	• Le roi François 1er gagne la bataille de Marignan

Selon vous, quelles sont les dates les plus importantes de l'histoire de votre pays ?

Culture

Musées parisiens

Musée d'Orsay : il présente une collection de peintures et de sculptures occidentales de 1848 à 1944. On peut y voir les grandes œuvres des peintres impressionnistes.

Musée du Quai Branly : c'est le musée des Arts et des Civilisations d'Afrique, d'Asie, d'Océanie et des Amériques (civilisations non occidentales). Dessiné par l'architecte Jean Nouvel, ce musée a ouvert ses portes en 2006.

Centre Georges Pompidou : aussi appelé Centre Beaubourg, il abrite le musée national d'Art moderne. Il conserve l'une des deux plus importantes collections d'art moderne et contemporain au monde avec celle du MOMA de New York.

Musée du Louvre : il est constitué de huit départements : Antiquités orientales, Antiquités égyptiennes, Antiquités grecques, étrusques et romaines, Arts de l'Islam, Sculptures, Objets d'art, Peintures, Arts graphiques et présente 35 000 œuvres dans 60 600 m² de salles.

Cité des Sciences et de l'Industrie : c'est un établissement spécialisé dans la diffusion de la culture scientifique et technique. Il a pour mission de diffuser à un large public, notamment aux enfants et aux adolescents, des connaissances scientifiques et techniques.

> Quels sont les principaux musées de votre pays ?
> Pouvez-vous citer un musée d'art ancien, un musée d'art contemporain, un musée consacré à la science ?

La Terre vue du ciel

Yann Arthus-Bertrand est un photographe français.
En 1994, avec le parrainage de l'Unesco, Yann Arthus-Bertrand entreprend de photographier les plus beaux paysages du monde vus du ciel pour « témoigner de la beauté du monde et tenter de protéger la Terre ». L'exposition de ces photos, gratuite, en plein air et en grand format, a été vue dans plus de 110 villes par près de 120 millions de visiteurs. Arthus-Bertrand publiera également un livre du même nom, succès mondial avec plus de 3 millions d'exemplaires vendus et traduit dans 24 langues.
Le 22 avril 2009, Yann Arthus-Bertrand a reçu le premier titre d'Ambassadeur de bonne volonté du Programme des Nations unies pour l'environnement (PNUE), ainsi que le Prix Earth Champion pour son engagement en faveur de l'environnement.

> Connaissiez-vous ce photographe ?
> L'exposition « La Terre vue du ciel » a-t-elle été présentée dans votre pays ?

Culture

Règles de savoir-vivre

Dans les lieux publics, en France, on peut voir différents panneaux qui nous indiquent des règles de savoir-vivre.

A. Que signifient les panneaux suivants ?

B. Où peut-on les voir ?

Dans le métro : n° 1 et 3
À la bibliothèque : ……………   Dans le bus : ……………   Dans un musée : ……………

C. Existe-t-il des règles de savoir-vivre de ce type dans votre pays ? Sont-elles généralement respectées ?

Quelques variations francophones

La langue française est utilisée par plus de 130 millions de personnes sur les cinq continents. Elle connaît d'importantes modifications et variations (surtout lexicales) selon les régions et les pays.

Saurez-vous retrouver les équivalents des mots et expressions suivants en français « de France » ?

- un char (Québec) •   • Une rue non bitumée
- un char (Burkina Faso) •   • Une voiture
- une sucrerie (Afrique francophone) •   • Pas du tout
- une go (Afrique francophone) •   • Une moto
- Pantoute ! (Québec) •   • Un soda
- septante-trois (Belgique, Suisse) •   • À plus tard !
- Aller aux vues (Québec) •   • Une fille
- À tantôt ! (Belgique, Suisse) •   • Soixante-treize
- C'est caillou (Côte d'Ivoire) •   • C'est difficile
- un 6 mètre (Burkina Faso) •   • Aller au cinéma

BLOC-NOTES

Vous pouvez trouver de nombreux quiz sur les expressions francophones ou la francophonie sur le site de TV5.

Transcriptions des enregistrements

UNITÉ 1

Piste 1 - Activité 1A

- Merci, Jean-Luc ! Et maintenant, nous allons écouter le témoignage d'Élodie qui nous raconte son expérience londonienne. Bonjour Élodie, et merci d'être avec nous. Quelle a été votre expérience à l'étranger ?
- Eh bien, l'année dernière, je suis partie vivre quelques mois à Londres pour mon travail. J'ai dû apprendre l'anglais en urgence ! Pour ça, je me suis inscrite dans un cours intensif trois mois avant mon départ, j'ai commencé à écouter les informations de la BBC par Internet, à voir les films américains en version originale, ce genre de choses. En fait, j'ai essayé de me mettre en contact avec la langue tous les jours, mais ça n'a pas été suffisant ! Quand je suis arrivée à Londres, j'ai eu beaucoup de mal à m'adapter et à être à l'aise dans mon travail, j'étais très découragée ! Heureusement, ça n'a pas duré et en quelques semaines je me suis mise dans le bain et j'ai commencé à être à l'aise en anglais et tout a commencé à fonctionner. Aujourd'hui, j'ai un excellent souvenir de cette expérience !
- Merci Élodie. Nous allons maintenant passer… .

Piste 2 - Activité 2A

- Excuse-moi, je t'ai pas trop fait attendre ? Je suis restée un peu après la classe, je n'étais pas sûre d'avoir compris le sujet de la rédaction. Et comme tu sais que je n'aime pas prendre la parole devant tout le monde… .
- … Ah tu préfères rester après la classe pour poser tes questions ! Moi non plus, je ne me sens pas vraiment à l'aise quand je parle devant tout le monde, mais je pense que c'est utile si on veut progresser.
- C'est vrai ! Mais, moi, je me sens ridicule ! À la limite, je veux bien répéter dans les exercices de phonétique ou des dialogues comme on a fait aujourd'hui, mais prendre la parole, ça me bloque !
- Mais pourtant tu as bien parlé quand on travaillait en groupes ?
- Oui, mais c'est pas pareil, on est en groupes de 3 ou 4, on fait une activité précise… C'est pas du tout pareil que de parler seule devant toute la classe ! Toi, tu es beaucoup plus à l'aise, tu es toujours volontaire pour aller au tableau, tu poses des questions, tu n'es pas du tout timide !
- C'est pas la question, mais je trouve le cours plus amusant en participant, en étant actif, sinon je m'ennuie ! Comme tout à l'heure, d'aller faire des activités sur l'ordinateur, chercher des informations en portugais, écouter les informations en ligne, j'adore !
- Oui, tu as raison. Mais je préfère quand même travailler l'écrit, faire des exercices de grammaire ; j'ai l'impression d'apprendre beaucoup plus.
- Pfff… Moi, pas du tout, je n'aime pas ça, je préfère communiquer avec les autres !

Piste 3 - Activité 5

- Moi, à la maison, je parle français avec mon mari mais en allemand avec mes enfants. Enfin, eux, ils me parlent en français et en allemand, un mélange des deux… Sinon, j'ai aussi étudié l'anglais à l'école. Je ne le parle pas mais je peux écouter des chansons et comprendre un peu.
- Moi aussi, je comprends l'anglais et je le parle aussi parfois dans mon travail. Mais bon, la plupart du temps, c'est en français. Et toi ? Dans ton travail tu parles allemand ?
- Non, tout en français. Il y a des clients allemands mais je n'ai jamais de contact avec eux.
- J'aimerais bien ne parler qu'une langue dans mon travail, parfois c'est difficile de jongler entre l'une et l'autre toute la journée ! Mais bon, avec ma famille au moins, je ne parle qu'espagnol !
- Ah oui, même avec ton mari ?
- Oui, il est français mais on s'est connu en Équateur et on a toujours parlé espagnol ensemble.
- Et tu parles italien aussi ?
- Je comprends et je parle un peu, quand je pars en vacances en Italie.
- Oui, c'est vrai, cela ressemble un peu à l'espagnol !

Piste 4 - Activité 7B

Moi, si je me suis inscrit en cours de japonais, c'est surtout parce que j'ai toujours été fasciné par la culture japonaise. Et comme en ce moment je ne travaille pas, j'en ai profité pour m'inscrire à un cours dans une école de langues. Bon, je n'ai pas encore le niveau pour lire les mangas dans le texte, mais, petit à petit, je me familiarise avec l'écriture, la prononciation. J'arrive même à parler un peu, mais seulement en classe. J'aimerais beaucoup aller en vacances au Japon pour pouvoir pratiquer et, pourquoi pas, un jour, trouver une petite amie, un travail et m'y installer définitivement !

Piste 5 - Activité 8B

C'est très intéressant
Lire des textes
C'est très amusant
Les élèves d'anglais
Les professeurs de français
Faire des exercices
Pour mes études
Il nous a expliqué
Chercher des documents

Piste 6 - Activité 10

Bonjour à tous, aujourd'hui notre émission « Des vies en musique » est consacrée à un artiste que l'on aime beaucoup ici à Radio TROIS, le chanteur Corneille.
Je vous propose de revenir un moment sur le parcours de cet artiste…

Cornelius Nyungura, dit Corneille, est né en 1977 en Allemagne. En 1984, ses parents, rwandais, sont retournés s'installer à Kigali où toute la famille a vécu jusqu'au début de la guerre. En 1994, Corneille a réussi à fuir le génocide rwandais qui a décimé sa famille et a pu retourner en Allemagne où il a terminé ses études secondaires. En 1997, il a quitté l'Allemagne pour Montréal où il a débuté sa carrière de chanteur-auteur-compositeur. Son premier album *Parce qu'on vient de loin* est sorti en 2002 au Canada, puis en 2003 en France où il a connu un grand succès et remporté de nombreux prix. Durant l'année 2009, il a publié deux albums : un disque anglophone produit par Motown, *The birth of Cornelius* mais aussi un album en français, intitulé tout simplement *Sans titre*.

Transcriptions des enregistrements

Nous allons écouter maintenant un extrait de son deuxième album, *Les Marchands de rêve*, sorti en 2005…

UNITÉ 2

Piste 7 - Activité 2B

- Alors, en entrant, vous avez à gauche la salle de bain et les WC et, en face de la salle de bain, la première chambre, la plus grande. Au fond de la chambre, vous avez un lit double et, en face du lit deux placards. Ensuite, vous arrivez dans le séjour et la cuisine, qui n'est pas séparée.
- Elle est équipée ?
- Oui, bien sûr, elle dispose d'un réfrigérateur et d'une cuisinière, ainsi que des meubles de rangement. Au milieu de la pièce, vous avez une table et il y a aussi un canapé à côté de la fenêtre. À gauche du séjour, se trouve la deuxième chambre, plus petite, avec un lit simple et une table de chevet. De l'autre côté, à droite du séjour, vous avez accès à la véranda, de 5 m² environ, un bel espace !

Piste 8 - Activité 6A

- Bonjour, Simone ! Aujourd'hui, dans notre grand jeu « où suis-je ? », les auditeurs les plus rapides pourront gagner un lecteur MP4.
- Superbe cadeau ! Et nous rappelons à nos auditeurs que s'ils pensent avoir la bonne réponse, ils doivent vite téléphoner à notre standard, au 01.24.77.42.30. Nous vous écoutons, Guy…
- Alors, soyez attentifs ! Il s'agit de deviner un lieu : on y va seul ou avec des amis. On s'y retrouve avec beaucoup de gens qu'on ne connaît pas. Il y a beaucoup de bruit et pourtant personne ne parle. Il y fait noir, mais on n'y dort pas. On y reste généralement deux heures.
- Nous avons un premier appel… Allô ?
- Oui, bonjour, Lucie de St Malo. Je voulais savoir si on pouvait y faire du sport ?
- Non, Lucie, on n'y fait pas de sport… j'ajouterai comme indice supplémentaire qu'on y est assis. Vous avez une proposition ?
- Heu… Non, désolée, je pensais à une salle de sport…
- Désolé, Lucie, appel suivant ?
- Oui, bonjour, Émilie, de Nice.
- Bonjour Émilie, avez-vous une question ?
- Heu… Je voulais savoir si on pouvait y écouter de la musique ?
- Heu… Oui, techniquement, on peut y écouter de la musique, à quoi pensez-vous ?
- Heu… À une salle de concerts !
- Désolée Emilie, il ne s'agit pas d'une salle de concerts… Candidat suivant ?
- Bonjour, Stéphane, de Dijon.
- Bonjour Stéphane, nous vous écoutons.
- Alors ma question est : est-ce qu'on y est assis en face d'un écran ?
- Et ma réponse est oui, Stéphane, on y est assis en face d'un écran… À quoi pensez-vous ?
- Oh, je pense à une salle de cinéma.
- Et c'est une bonne réponse. Félicitations, Stéphane ! Vous avez gagné un magnifique lecteur MP4 !

Piste 9 - Activité 9B

Une table en verre
Une chaise en plastique rouge
Une lampe en céramique
Une commode à deux tiroirs
Une armoire en bois
Une chaise à roulettes

UNITÉ 3

Piste 10 - Activité 3A

1.
- Bonjour et bienvenue sur *Radio doc*, l'émission à l'écoute de vos problèmes. Nous vous rappelons notre téléphone : 01.12.45.47.18. N'hésitez pas !
Prenons notre premier appel du jour… Allô ? Bonjour ! Je vous écoute.
- *Bonjour Doc*. Eh bien voilà, mon problème a commencé il y a quelques mois quand j'ai décroché un nouveau travail. J'ai dû arrêter le sport car mes horaires de travail ne sont pas compatibles et, depuis, je suis beaucoup moins en forme, je me fatigue beaucoup plus vite et j'ai souvent mal au dos.
- C'est un problème courant. Vous devriez essayer de faire des exercices d'étirement chez vous le matin en vous levant et le soir en vous couchant pour assouplir votre dos. N'utilisez pas la voiture : marchez ou prenez le vélo pour aller au travail. Et puis, peut-être pouvez-vous aller à la piscine le week-end ?

2.
- Nous avons un deuxième appel. Bonjour, nous vous écoutons.
- Bonjour, je vous appelle car, en ce moment, je suis très fatiguée et je ne comprends pas pourquoi : je dors bien, je ne travaille pas trop, je mange correctement… mais je me sens épuisée toute la journée…
- Oh, vous devez aller voir un médecin très vite pour faire des analyses, mais d'après ce que vous dites, il s'agit peut-être d'une anémie. Dans ce cas, consommez des aliments riches en fer, comme les lentilles, les haricots ou les pois chiches. Mais vous devez en parler avec votre médecin : si la carence est trop importante, il vous donnera un complément alimentaire à base de fer.

3.
- Vous êtes toujours sur *Radio doc*. Quel est votre problème ?
- Bonjour doc. Moi, je vous appelle car j'ai attrapé un rhume il y a quelques semaines, j'ai suivi un traitement médical, mais je ne suis toujours pas totalement guéri. J'ai encore le nez qui coule de temps en temps et je tousse toujours un peu. Mais je ne veux plus continuer à prendre des médicaments. Qu'est-ce que je peux faire ?
- C'est vrai que parfois un rhume mal soigné met du temps à guérir et, selon le climat et la sensibilité de chacun, ça peut prendre des semaines.
Si vous ne voulez pas prendre de médicaments, essayez des remèdes naturels : faites des inhalations d'eucalyptus pour dégager les voies respiratoires et pensez à faire un traitement préventif d'huile essentielle de propolis dès l'hiver et lors des changements de saison.

Transcriptions des enregistrements

Piste 11 - Activité 4

1.
Respirez profondément. Faites le vide dans votre tête. Concentrez-vous sur votre respiration. Sentez comment l'air remplit votre cage thoracique avec l'inspiration et comment il sort avec l'expiration.

2.
Sois naturelle. Maintenant, regarde-moi. Rapproche-toi un peu de l'objectif. Voilà, c'est ça, ne bouge plus ! Super !

3.
Versez dans un grand récipient 150 grammes de farine et 200 grammes de sucre. Ajoutez 4 œufs et un demi-litre de lait. Mélangez le tout jusqu'à obtenir un mélange homogène. Préchauffez votre four à 220 degrés.

4.
Coupez le moteur, s'il vous plaît N'ôtez pas votre ceinture de sécurité. Montrez-moi vos papiers et la carte grise du véhicule.

5.
Apportez-moi le rapport de la dernière réunion et dites à Lambert qu'il doit me faire passer les résultats du premier trimestre. Ah, et pensez à annuler mon rendez-vous de 16h.

Piste 12 - Activité 6A

J'ai mal au dos.
Ça marche vraiment !
C'est une recette miracle !
Tu as essayé l'huile de lavande ?
Il a attrapé une otite.
Tu connais les fleurs de Bach ?

Piste 13 - Activité 8A

1.
- Bonjour, vous cherchez quelque chose ?
- Oui, je n'arrive pas à dormir en ce moment, qu'est-ce que vous me conseillez de prendre ?
- Le mieux, ce sont les infusions. Vous devriez boire du tilleul ou de la verveine. Je peux aussi vous proposer ce mélange maison avec de la camomille et de la fleur d'oranger. Prenez-en une tasse le soir après manger. C'est très efficace !
- Je vais tester le mélange de plantes alors. C'est combien ?
- 3 euros le sachet de 100 grammes.

2.
- Bonjour Madame, est-ce que vous avez quelque chose contre le rhume ?
- … Le rhume… laissez-moi voir… Vous devriez faire des inhalations de thym, c'est miraculeux !
- Des inhalations ? Comment on fait ?
- C'est facile : faites une tisane de thym très chaude et mettez-la dans un grand bol, penchez-vous au-dessus du bol et respirez profondément. Pensez à mettre une serviette sur votre tête afin de garder la vapeur concentrée. Sinon, vous pouvez aussi acheter un inhalateur, mais ce n'est pas nécessaire.
- Merci beaucoup, en plus j'ai du thym à la maison ! Je vais de ce pas faire des inhalations !

3.
- Bonjour Madame, vous avez quelque chose contre les brûlures ?
- Oui, utilisez une crème à l'aloe vera, comme celle-ci. Passez-la sur la zone brûlée et mettez un pansement. Recommencez au moins trois fois par jour. C'est très efficace et, en trois jours maximum votre peau aura cicatrisé.
- Mais j'ai tendance à avoir des allergies !
- Ne vous inquiétez pas, c'est une crème 100 % naturelle à base d'aloe véra pur et biologique. Elle ne contient aucun produit chimique.
- Très bien, j'en prends un tube alors.

UNITÉ 4

Piste 14 - Activité 8

1.
Quand j'habitais rue Lépine, il n'y avait pas encore le tramway. Pour aller au travail, je devais aller jusqu'à l'avenue de la République et prendre le bus 24, puis changer Place de l'Aurore et prendre le 41.

2.
J'aimerais beaucoup prendre quelques jours de vacances, mais j'ai vraiment trop de travail en ce moment !

3.
Je ne sais pas comment faisaient les gens quand il n'y avait pas Internet ! La vie devait être vraiment très compliquée. Je n'arrive pas à l'imaginer.

4.
Au début du siècle, les gens pensaient que tous les systèmes informatiques allaient tomber en panne. Ils appelaient ça le « Bug de l'an 2000 ».

5.
De nos jours il est de plus en plus difficile de trouver un travail en accord avec ses compétences, c'est vraiment un problème !

6.
Dans mon ancien appartement, il y avait vraiment beaucoup de bruit. On entendait tout ce que faisaient les voisins et il y avait beaucoup de voitures qui passaient dans la rue.

7.
Depuis le passage à l'euro, tout le monde a l'impression que les prix ont augmenté. Et les personnes âgées ont toujours du mal à faire la conversion.

8.
Quand j'étais étudiante, je faisais plein de petits boulots pour payer mes études : euh… j'ai été serveuse, concierge, bibliothécaire, vendeuse dans un grand magasin… et encore, j'en oublie

Piste 15 - Activité 9A

1. chemin
2. description
3. suivante

Transcriptions des enregistrements

4. événement
5. internet
6. maintenant
7. circulation

Piste 16 - Activité 10A

1.
De mon temps, on n'avait pas de console de jeux ou d'ordinateur, tous ces appareils modernes. Les enfants avaient des jeux plus simples. Aujourd'hui, il leur faut toujours de nouvelles choses et les parents dépensent beaucoup d'argent.

2.
Quand j'étais enfant, on écoutait de la musique sur des cassettes : on enregistrait des chansons à la radio ou on faisait des échanges avec les copains. Aujourd'hui on télécharge la musique depuis Internet mais, dans beaucoup de pays, c'est devenu illégal.

3.
Autrefois, voyager était très compliqué, on mettait beaucoup de temps à aller d'une région à une autre à cheval ou à pied, on mettait des mois à traverser les mers et les océans en bateau. Aujourd'hui, il y a de nombreux moyens de transport et tout est beaucoup plus rapide. On peut faire le tour du monde en avion en 48 heures.

UNITÉ 5

Piste 17 - Activité 2A

1. Je chantais / J'ai chanté
2. J'ai parlé / Je parlais
3. J'aimais / J'ai aimé
4. J'ai appelé / J'appelais
5. J'essayais / J'ai essayé
6. J'ai rencontré / Je rencontrais
7. J'ai voyagé / Je voyageais

Piste 18 - Activité 4C

- Bonjour Mathilde et merci d'être avec nous dans notre émission « Récits de vie », dédiée aux parcours un peu hors du commun des personnes. Mathilde, vous êtes française mais vous avez vécu dans beaucoup de pays différents, je crois. Tout d'abord, où êtes-vous née ?
- Je suis née à Brasilia car mes parents vivaient au Brésil à cette époque. Ils étaient professeurs et ont travaillé au Brésil pendant 15 ans.
- Et vous avez vécu à Brasilia combien de temps ?
- Pendant quelques années, nous avons vécu là-bas puis le contrat de mes parents s'est terminé et toute la famille est rentrée en France.
- Où habitiez-vous ?
- Moi, je suis allé étudier à Paris, j'habitais dans le 18e arrondissement. Mes parents, eux, sont rentrés vivre en Provence, avec mon petit frère Paul.
- Et… Vous vous êtes adaptée facilement à la France ? Le changement n'a pas été trop difficile ?
- J'ai eu du mal à m'habituer à la vie parisienne : le climat, le rythme de vie, les gens, tout était très différent. Au début, c'était difficile, mais après quelques années, ça a été plus facile.
- Et après vos études, vous êtes restée à Paris ? Qu'avez-vous étudié d'ailleurs ?
- Après mes études de langues, j'ai trouvé un travail comme interprète dans une organisation internationale et je suis partie vivre à New York.
- Encore un grand changement ! Et où résidez-vous actuellement ?
- Aujourd'hui, je vis à Bruxelles, mais je vais souvent en France voir ma famille. Malheureusement, je ne peux pas aller très souvent au Brésil où j'ai encore beaucoup d'amis. Peut-être l'été prochain…

Piste 19 - Activité 5A

Nous avons appris par une dépêche de l'AFP qu'un séisme de magnitude 5,7 a frappé le sud de la Californie à la frontière avec le Mexique hier soir et a été ressenti jusqu'à Los Angeles. L'Institut de géophysique américain (USGS) a indiqué que le séisme s'est produit à 21 h 26 à huit kilomètres au Sud-Est d'Ocotillo, une localité désertique située à environ 200 km de Los Angeles. Il a été suivi par une dizaine de répliques. On n'a pas signalé de victimes ou dégâts dans l'immédiat, mais la secousse a été ressentie à travers la région et jusqu'à Los Angeles où des immeubles ont tremblé. La secousse a également fait trembler un stade à San Diego où se jouait un match de baseball, selon la presse locale.

Piste 20 - Activité 9A

- Bonjour Matthieu et merci de répondre à nos questions. C'est un grand jour pour vous : vous avez à peine 25 ans et vous venez de recevoir le Prix d'interprétation du Festival de Cannes. C'est assez incroyable, non !
- Oui, c'est vrai, ça a été une soirée riche en émotions ! Je n'y crois toujours pas…
- Ce prix vient récompenser un parcours vraiment original… Avant vous ne vous destiniez pas à être acteur, non ?
- Pas du tout, moi, j'ai étudié la géographie, je voulais être géologue et travailler dans la prévention des catastrophes naturelles. J'aimais beaucoup aller au cinéma mais je ne pensais pas du tout devenir acteur ou travailler dans ce milieu.
- Je crois que vous avez été repéré en sortant de la fac, c'est ça ?
- Non, pas tout à fait. Quand j'étais étudiant, je travaillais dans un bar le soir après les cours pour gagner un peu d'argent. Un soir, une équipe de cinéma qui tournait un film dans le quartier est entrée et on a discuté un peu. Il cherchait quelqu'un pour un petit rôle et m'ont proposé de faire des essais. Et c'est comme ça que tout a commencé…
- Et puis les rôles se sont enchaînés…
- Oui, j'ai eu la chance de travailler avec Claude Térol qui m'a donné le rôle principal dans *Un homme de l'ombre* qui a été un grand succès et après ce film, les propositions ont été très importantes.
- Et, ce soir, après avoir reçu ce Prix d'interprétation, comment vous sentez-vous ?
- Très ému, je ne sais pas encore… je vous dirai demain…
- ….Merci beaucoup Matthieu et félicitations pour ce prix largement mérité !

Transcriptions des enregistrements

UNITÉ 6

Piste 21 - Activité 3

1. Demain, il fera beau et chaud.
2. J'aime aller à la plage.
3. Nous achetons seulement des produits biologiques.
4. Elle porte une jupe rouge.
5. On se retrouve ce soir chez moi ?

Piste 22 - Activité 4A

- Et pour terminer cette édition, nous retrouvons Bertrand et ses prévisions météo. Alors, Bertrand, quel temps fera-t-il demain ?
- Eh bien, demain, il fera beau sur un grand quart Sud-Ouest, même s'il y a quelques risques de pluie à Toulouse. Il y aura des nuages sur la côte d'Azur et en Corse mais avec tout de même quelques éclaircies.
  Sur toute la moitié Nord du pays, il pleuvra.
- Et les températures ?
- Il fera frais dans la moitié Nord et doux dans le Sud : 11 à Paris, 16 à Marseille, 13 à Lyon et 18 à Bordeaux.

Piste 23 - Activité 4B

- Et pour l'après-midi ?
- Dans l'après-midi l'anticyclone va se déplacer vers l'Est : il fera beau et ensoleillé sur la Méditerranée et dans le Nord-est. Le Nord, la région parisienne et la Bretagne, quant à eux resteront sous la pluie et quelques nuages apparaîtront dans le Sud-Ouest.
  Les températures seront toujours de saison : 17 à Paris, 19 à Brest, 22 à Toulouse et 25 à Nice.
- Merci Bertrand, nous vous retrouverons demain pour un nouveau point météo.

Piste 24 - Activité 6

1. Ils sont souvent absents.
2. Il arrive dans quinze jours.
3. Il parle très bien français.
4. Vous le connaissez ?
5. Je regarde peu la télévision.
6. Elle dessine très bien.
7. J'adore les cerises.

Piste 25 - Activité 7

1.
La RATP et l'environnement vous remercient de choisir les transports en commun pour vos déplacements. En choisissant le métro, vous contribuez à la réduction des émissions de carbone.

2.
Nous rappelons à notre aimable clientèle qu'il vous reste quelques minutes seulement pour profiter de notre promotion sur les ampoules à économie d'énergie. Pour l'achat d'un pack d'ampoules basse consommation, vous avez le deuxième à moitié prix. Préservez la nature en faisant des économies !

3.
Vous voulez changer de voiture ? C'est le moment ! Achetez une voiture neuve avant le 20 décembre et profitez d'offres exceptionnelles : 2 000 euros pour la reprise de votre ancienne voiture et toujours la prime environnement de 1 000 euros.

4.
Nos recommandations si vous devez prendre la route ce week-end : évitez les heures de pointe, ne partez pas entre 16h et 21h vendredi, arrêtez-vous toutes les deux heures et buvez beaucoup d'eau. Et surtout, respectez les limitations de vitesse. N'oubliez pas qu'en roulant à 90 km/h vous produisez 30 % de moins de carbone que quelqu'un qui roule à 110 !

Piste 26 - Activité 10A

En préparation de la Conférence de Cancún sur le climat, le secrétariat des Nations unies a annoncé la nomination de Christiana Figueres à la succession d'Yvo de Boer comme secrétaire de la Convention sur les changements climatiques. Mme Figueres entrera en fonctions le 1er juillet 2010. Costa-ricaine, âgée de 55 ans, elle est la fille de l'ancien président de la République du Costa Rica, José Figueres Ferrer.
L'arrivée de Christiana Figueres confirme le rôle croissant des Latino-Américains dans la négociation climatique, jusque-là plutôt dominée par les Européens. Le Brésil est désormais très impliqué, tout comme le Venezuela, la Bolivie ou l'Équateur... D'autre part, la conférence de 2010 se tiendra à Cancún, dans un Mexique qui aura un rôle actif et efficace.

UNITÉ 7

Piste 27 - Activité 3A

1.
- Joyeux anniversaire !!!
- Tiens, ouvre, c'est pour toi !
- Deux places pour France-Italie ! C'est génial ! Merci beaucoup !
- Maintenant, il ne te reste qu'à choisir qui tu invites pour y aller avec toi....
- Heu... Julie, tu voudrais m'accompagner ?
- Oui, bien sûr ! Ça me ferait très plaisir !

2.
- Allô, maman ? C'est moi.
- Ma chérie ! Comment vas-tu ?
- Très bien ! Mais j'ai beaucoup de travail en ce moment et je pensais partir à la campagne ce week-end pour me détendre un peu.
- C'est une très bonne idée, ça, tu as raison !
- Tu trouves ? Et tu pourrais me garder Hector ? Tu sais qu'il ne supporte pas de rester seul, il va aboyer toute la nuit et les voisins vont encore se plaindre.
- Ah non, ma chérie, pas question ! Mon appartement est vraiment trop petit, tu sais bien... Et puis la dernière fois, ça c'était vraiment mal passé avec Félix notre chat...

Transcriptions des enregistrements

3.
- Excusez-moi Bertrand, ça vous ennuie si je change vos horaires cette semaine ? Nous avons besoin de plus de monde le matin en ce moment.
- Je suis vraiment désolé, mais cette semaine, c'est impossible : j'ai rendez-vous chez le médecin demain et mercredi je dois amener les enfants à leur entraînement de judo…
- Ah… Tant pis, je comprends… Nous essaierons de faire autrement…

Piste 28 - Activité 6B

Je regrette vraiment.
Non, pas question !
Oui, bien sûr !
Pas de problème !
Je suis vraiment désolé(e)…
Très volontiers.
Bien entendu !
Oui, d'accord.

Piste 29 - Activité 8

1. Tu pourrais me passer le sel ?
2. Nous voulions une table pour deux.
3. Nous pourrons passer demain matin, si tu veux.
4. Vous aimeriez changer de travail ?
5. Nous devrons confirmer la réservation.
6. Je parlais justement de toi !
7. Ça te dirait de m'accompagner au théâtre ?

Piste 30 - Activité 10A

- Bon alors, pour l'anniversaire de Thomas, on fait quoi ?
- On pourrait aller au théâtre, il y a une pièce ce week-end qu'il avait très envie de voir.
- Ah, non ! Moi, le théâtre ça m'ennuie et puis, pour une fête d'anniversaire, c'est vraiment pas rigolo.
- Merci Stéphane, toujours positif ! Tu proposes quoi alors ?
- On pourrait faire un dîner surprise à la maison, qu'est-ce que tu en penses Sophie ?
- Pour moi, faites ce que vous voulez, je ne serai pas là ce week-end de toute façon… Je vais à un festival de jazz.
- Oh, c'est dommage… Et toi Ali, tu seras là ou tu vas avec Sophie ?
- On va voir, ça dépend… Si j'ai beaucoup de travail, je devrais rester là ce week-end et dans ce cas, je viendrai à l'anniversaire, bien sûr ! Mais bon, je préférerais accompagner Sophie.
- Je crois qu'on sera que toi et moi, Caro…
- Et Thomas !

UNITÉ 8

Piste 31 - Activité 2

1. Conjuguez le verbe « savoir » à la première personne du singulier à l'imparfait.
2. Conjuguez le verbe « parler » à la troisième personne du singulier au passé composé.
3. Conjuguez le verbe « être » à la première personne du pluriel au futur.
4. Conjuguez le verbe « avoir » à la deuxième personne du singulier à l'imparfait.
5. Conjuguez le verbe « finir » à la troisième personne du pluriel au passé composé.
6. Conjuguez le verbe « vouloir » à la deuxième personne du pluriel à l'imparfait.
7. Conjuguez le verbe « choisir » à la deuxième personne du pluriel au présent.
8. Conjuguez le verbe « répondre » à la première personne du pluriel au passé composé.
9. Conjuguez le verbe « comprendre » à la troisième personne du singulier au futur.
10. Conjuguez le verbe « pouvoir » à la première personne du singulier au présent.

Piste 32 - Activité 7B

Comment va-t-il ?
Avec qui habite-t-elle ?
Pourquoi fait-elle du sport ?
Le Mali est-il un pays francophone ?
Le français est-il la langue officielle de la Suisse ?
Quand part-il à Monaco ?
Combien y a-t-il d'habitants au Québec ?
Comment s'appelle-t-il ?

Piste 33 - Activité 10A

- Bonjour Jean-Luc. Aujourd'hui c'est le 20 mars, c'est la Journée Internationale de la francophonie et, avant de suivre les différentes manifestations culturelles, je vous propose de nous faire un petit résumé de ce qu'est la francophonie.
- Bien sûr Patrick ! Alors le terme « francophonie » est apparu vers la fin du 19e siècle, pour décrire l'ensemble des personnes et des pays utilisant le français. L'Organisation internationale de la francophonie (OIF) a pour mission de donner corps à une solidarité active entre les 70 États et gouvernements qui la composent.
- On fête ses 40 ans en 2010, non ?
- En effet : l'OIF a été fondée en 1970 sur la base du Traité de Niamey. Elle agit dans le respect de la diversité culturelle et linguistique et au service de la promotion de la langue française, de la paix et du développement durable.
- Et les prévisions pour l'avenir ?
- Elles sont très positives : on estime que, dans les années à venir, il y aura plus de 200 millions de locuteurs de français de par le monde. L'actuel Secrétaire général de la Francophonie, estime que l'avenir de la Francophonie passe par la place que celle-ci conservera ou développera en Afrique.
- Merci Jean-Luc, tout de suite, nous allons retrouver notre envoyé spécial à Montreux… Bonjour Jeanne, vous m'entendez ?
- Très bien Patrick. Alors aujourd'hui…

Version Originale • Méthode de Français
Cahier d'exercices • Niveau 2

Auteur
Laetitia Pancrazi
Révision pédagogique
Philippe Liria
Coordination éditoriale
Lucile Lacan
Rédaction
Lucile Lacan
Correction
Sarah Billecocq
Documentation
Lucile Lacan
Enregistrements
Coordination : Lucile Lacan et Coryse Calendini

Conception graphique et couverture
Besada+Cukar
Mise en page
Luis Luján
Illustrations
Roger Zanni

© Photographies, images et textes.

Couverture Andreas Karelias/Fotolia.com, jedi-master/Fotolia.com, Julien Le Digabel, Roy/Fotolia.com, ingram publishing, Lucile Lacan, Oscar García Ortega, Katia Coppola, Companie 1, 2,3... Soleils, Lucile Lacan, Agustín Garmendia, Lyuba Dimitrova LADA film, spot-shot/Fotolia.com, Kati Molin/Fotolia.com ayustety/flickr, Lucile Lacan ; **Unité 1** p. 6 http2007/flickr ; p. 7 TomS/Fotolia.com, Philip Date/Fotolia.com ; p. 8 Alexandr/Fotolia.com ; p. 9 ERIC GAILLARD/AFP/Getty Images ; p. 10 KeeT/Fotolia.com, p. 15 Rafael Garcia/Suarez-flickr, p. 16 dynamosquito/flickr ; **Unité 2** p. 18 archideaphoto/Fotolia.com, George Mayer/Fotolia.com, JMP Photography LLC/iStockphoto.com, stuart burford/iStockphoto.com ; p. 20 Babelweb ; **Unité 3** p 21. Monika Adamczyk/Dreamstime.com ; p. 22 Sascha Burkard/Fotolia.com ; p. 23 pucci raf/Fotolia.com ; p. 23 Simone van den Berg/Fotolia.com, vision images/Fotolia.com, Virgilio DE ALMEIDA/Fotolia.com, Jakub Krechowicz/Fotolia.com, Rido/Fotolia.com, Difusión ; p. 25 Beboy/Fotolia.com ; p. 26 jivan child/Fotolia.com ; p. 28 Olena Pantiukh/Fotolia.com ; **Unité 4** p. 30 Oscar García Ortega ; p. 34 Difusión, Oscar García Ortega ; p. 36 Babelweb ; **Unité 5** p. 38 Cha già José/flickr, Olivier Bruchez/flickr ; p. 39 http2007/flickr ; p. 44 Babelweb ; **Unité 6** p. 47 IMAGINE/Fotolia.com, p. 48 Barbo333/Fotolia.com, p. 49 Benjamin Haas/Fotolia.com, p. 52 danielschoenen/Fotolia.com ; **Unité 6** p. 55 Difusión, p. 58 julien tromeur/Fotolia.com, p. 60 photlook/Fotolia.com ; **Unité 8** p. 61 IMAGINE/Fotolia.com ; p.62 Edvard Molnar/Fotolia.com, Lyuba Dimitrova LADA film, p. 66 Organisation internationale de la Francophonie ; **Culture** p. 70 DomLortha/Fotolia.com, Jamiecat/flickr ; p. 71 Eray/Fotolia.com, Bibliothèque nationale de France_wikipedia ; p. 72 jlo from lab/flickr, Benjamin Haas/Fotolia.com ; Charly/Fotolia.com, Bogalo/Dreamstime

N.B : Toutes les photographies provenant de www.flickr.com, sont soumises à une licence de Creative Commons (Paternité 2.0 et 3.0)

Tous les textes et documents de cet ouvrage ont fait l'objet d'une autorisation préalable de reproduction. Malgré nos efforts, il nous a été impossible de trouver les ayants droit de certaines œuvres. Leurs droits sont réservés à Difusión, S. L. Nous vous remercions de bien vouloir nous signaler toute erreur ou omission ; nous y remédierions dans la prochaine édition.
Les sites Internet référencés peuvent avoir fait l'objet de changement. Notre maison d'édition décline toute responsabilité concernant d'éventuels changements. En aucun cas, nous ne pourrons être tenus pour responsables des contenus de liens vers des tiers à partir des sites indiqués.

© Les auteurs et Difusión, Centre de Recherche et de Publications de Langues, S.L., Barcelone, 2010
ISBN 978-85-61635-88-6
Imprimé en Brésil par Imprensa da Fé
1ʳᵉ édition: Octobre 2010
Toute forme de reproduction, distribution, communication publique et transformation de cet ouvrage est interdite sans l'autorisation des titulaires des droits de propriété intellectuelle. Le non-respect de ces droits peut constituer un délit contre la propriété intellectuelle (art. 270 et suivants du Code pénal espagnol).

difusión
Français Langue Étrangère
C/ Trafalgar, 10, entlo. 1ª
08010 Barcelone (Espagne)
Tél. (+34) 93 268 03 00
Fax (+34) 93 310 33 40
fle@difusion.com
www.difusion.com

Éditions maison des langues
22, rue de Savoie
75006 Paris (France)
Tél. / Fax (+33) 01 46 33 85 59
info@emdl.fr
www.emdl.fr

martins
Martins Fontes
Av. Dr. Arnaldo, 2076
01255-000 São Paulo SP
Tel. (+55) 11 3116.0000
info@martinseditora.com.br
www.martinsmartinsfontes.com.br